我们一起解决问题

电商财税合规一本通

春戈 著

人民邮电出版社

北京

图书在版编目（CIP）数据

电商财税合规一本通 / 春戈著. -- 北京 : 人民邮电出版社, 2024.4
ISBN 978-7-115-63944-8

Ⅰ. ①电… Ⅱ. ①春… Ⅲ. ①电子商务—商业企业—财政法—基本知识—中国②电子商务—商业企业—税法—基本知识—中国 Ⅳ. ①D922.2

中国国家版本馆CIP数据核字(2024)第053394号

内容提要

经过多年的实践，我国电商行业已经发展到了一个相对成熟的阶段。但不可回避的现实是，大量的中小型电商企业在财税合规方面还有不少“历史欠账”。税务完全合规的成本有多高？中小型电商企业能够承受吗？无法从供应商取得进项发票和成本发票，如何才能做到合规？多年前形成的历史风险如何规避？如何确保电商直播业务全程合规？……本书将为读者解答这些电商行业从业者非常关心的问题。

本书由浅入深，首先介绍电商企业财税合规的主要风险及其应对方式、涉及的法律及公司治理问题、各大电商平台规则等内容；然后介绍电商会计基础知识、电商企业财税合规实操、主播和直播带货合规、电商财务管理及其价值体现等内容；最后介绍电商税务合规的主体选择、电商企业纳税筹划思路及方法、电商企业纳税筹划解决方案等内容。另外，书中穿插了大量的案例，可帮助读者理解相关要点、提升实操能力。

本书适合各类电商平台上的店铺及其他中小型电商企业的管理者、财务人员阅读，也可以作为相关培训机构的参考用书。

◆ 著 春 戈
责任编辑 陈 宏
责任印制 彭志环

◆人民邮电出版社出版发行 北京市丰台区成寿寺路 11 号
邮编 100164 电子邮件 315@ptpress.com.cn
网址 https://www.ptpress.com.cn
固安县铭成印刷有限公司印刷

◆开本：700×1000 1/16
印张：17.75 2024 年 4 月第 1 版
字数：260 千字 2025 年 11 月河北第 11 次印刷

定 价：79.80 元

读者服务热线：（010）81055656 印装质量热线：（010）81055316
反盗版热线：（010）81055315

前言

1999年8月易趣成立，如果以此为起点，我国电商行业已经走过了25年；即便从至今依然几乎是电商代名词的淘宝的成立时间2003年5月算起，我国电商行业也已经发展了超过20年。其间，仅笔者接触过的电商模式就有平台电商（如淘宝和京东等）、垂直电商（如PPG和凡客诚品等）和团购电商（如拉手和美团等）。从国内电商到跨境电商，从实物电商到生活服务电商，从品牌卖货到主播带货，电子商务蓬勃发展，为促进消费和经济繁荣贡献了不可忽视的力量。

2019年1月1日，《中华人民共和国电子商务法》（以下简称《电子商务法》）正式生效，这标志着电商行业正式走向成熟。2021年5月1日开始实施的《网络交易监督管理办法》是对《电子商务法》的补充和完善，尤其是对小额零星销售的界定提出了明确的标准，对个人经营店铺如何办理工商登记和亮照也有了明确的规定。规范经营、合规纳税成了电商行业从业者必然要面对的现实要求。

2017年，笔者从天猫行业运营“小二”的岗位离职。作为从阿里巴巴毕业的“101班”校友，我很自然地将最初的创业方向确定为服务电商卖家。在选择具体项目的过程中，有一位相识多年的家具店铺经营者和我聊起了他之前被税务局稽查的事情，满脸都是无助的表情。一方面，他不懂财税，既不知道要交哪些税、如何计算税款，也不知道代理记账公司代为处理的账目是否正确、合规。另一方面，他觉得自己很冤枉，他无奈地对我说：“根本没办法合规啊，因为上游根本就不给我开票！”

这让我深切地认识到，财税合规对电商行业来说是一个巨大的痛点，广大电商企业迟早都要面对并解决财税合规的问题，这也是消费者、相关监管部门乃至法律法规的必然要求。因此，我选择了电商财税合规这个赛道，刚开始为电商企业的经营者和财务人员做培训，后来为电商企业提供财税合规方面的咨询服务。我亲自见证了数百家电商企业从零开始，逐步合规，最终实现了现行法律法规下的完全合规，从而规避了巨大的风险。

2021 年 11 月，两位知名网络主播因偷逃税被追缴税款、加收滞纳金并处罚款 9300 多万元，直播带货领域税务合规的序幕就此拉开。12 月，另一位知名网络主播因偷逃税被追缴税款、加收滞纳金并处罚款 13.41 亿元，这一事件引起了社会的广泛关注。此后，多地税务局发布了加强对网络主播及直播带货行业税收管理的通知。直播带货作为电商行业的一个重要分支，正式走向完全税务合规。

2023 年，我想对过去多年帮助众多电商企业实现财税合规的方法和经验做一个系统的总结，好让更多的电商企业了解如何实现财税合规。恰好人民邮电出版社的编辑向我约稿，我们一拍即合，于是有了您面前的这本书。

我们希望这本书能够帮助网络主播从零开始了解在各种业务模式下如何实现税务合规，能够帮助电商企业的经营者系统地了解如何规避各种风险、实现财税合规，能够帮助电商企业的财务和会计人员更有针对性地提升自己的专业能力。当然，我们也希望这本书能够让相关监管部门深入了解电商行业和电商企业的痛点、难点，进而帮助电商行业和电商企业更快地走向完全合规，各方携手为建设共同富裕的美好社会而努力奋斗。

最后，我要感谢春戈财税团队中非常优秀的同事们，包括竹清、杰瑞、爱洛、桔梗、泽北、娜米等，他们为本书提供了丰富的案例及众多的宝贵意见，他们提供的专业支持让我能顺利地完成本书的写作。

目 录

第 1 章　电商企业财税合规主要风险及其应对方式……………………1

1.1　电商征税离你有多远……………………2

1.2　电商企业被处罚的常见原因……………………4

1.3　处罚的法律依据和标准……………………6

1.4　电商企业税务合规重点……………………8

1.5　如何正确面对自查通知和税务稽查……………………10

第 2 章　电商企业财税合规涉及的法律及公司治理问题……………………13

2.1　我国现行的税法体系……………………14

2.2　电商企业常见税种……………………15

2.3　《公司法》及股权、股东、法定代表人问题……………………41

2.4　合同及相关常见问题……………………46

第 3 章　各大电商平台规则……………………51

3.1　淘宝店铺规则……………………52

3.2　天猫店铺规则……………………57

3.3　拼多多平台规则……………………61

3.4 京东平台规则 ……63

3.5 抖音平台规则 ……67

3.6 快手平台规则 ……73

第 4 章 电商会计基础知识 ……77

4.1 会计基础知识 ……78

4.2 会计科目 ……85

4.3 会计记账方法 ……94

4.4 会计报表 ……98

第 5 章 电商企业财税合规实操 ……105

5.1 采购环节财税合规管控 ……106

5.2 销售环节财税合规管控 ……115

5.3 费用环节财税合规管控 ……119

5.4 资产环节财税合规管控 ……138

第 6 章 主播和直播带货合规 ……151

6.1 主播及直播公司同样需要合规 ……152

6.2 直播带货的 4 种模式及涉税问题分析 ……154

6.3 直播带货业务的落地步骤及注意事项 ……166

6.4 直播带货业务的财税合规处理 ……170

第 7 章 电商财务管理及其价值体现 ……183

7.1 财务的基础职能 ……184

7.2 电商企业财务管理制度 ……187

7.3 电商企业财务管理 ………… 193

7.4 电商企业财务人员如何提升绩效 ………… 199

第 8 章 电商税务合规的主体选择 ………… 205

8.1 不同阶段主体类型的选择 ………… 206

8.2 店群企业的架构搭建 ………… 209

8.3 无货源电商的风险把控 ………… 212

8.4 主体变更的适用场景及相关风险的控制 ………… 214

第 9 章 电商企业纳税筹划思路及方法 ………… 225

9.1 电商企业为什么要做纳税筹划 ………… 226

9.2 电商企业纳税筹划的三大思路 ………… 227

9.3 电商企业纳税筹划的五大方法 ………… 230

第 10 章 电商企业纳税筹划解决方案 ………… 257

10.1 以合规和降低风险为目标拆解业务 ………… 258

10.2 按照单店规模制定解决方案 ………… 266

10.3 按照关键事项制定解决方案 ………… 274

第 1 章

电商企业财税合规主要风险及其应对方式

1.1 电商征税离你有多远

《电子商务法》出台后，电商行业不断地传出涉税处罚新闻，部分案件金额之高着实让人震惊。在近几年公布的税务稽查案件中，直播电商行业的案件较多，社会关注度非常高。

对广大电商企业来说，财税合规已经成为迫在眉睫的问题。

1.1.1 税收压力大

为了支持小微企业，政府不断地发布减税降费的政策。例如，2020 年增值税小规模纳税人适用 3% 征收率的应税销售收入，减按 1% 征收率征收增值税；2022 年增值税小规模纳税人适用 3% 征收率的应税销售收入免征增值税，适用 3% 预征率的预缴增值税项目暂停预缴增值税。由此可见，政府对小微企业的扶持力度非常大。

不过，2019—2022 年的统计数据表明，各年累计新增减税降费金额并非呈阶梯式递增，如图 1-1 所示。

2019年	2020年	2021年	2022年
全年累计新增减税降费超过2万亿元	全年累计新增减税降费超过2.5万亿元	全年累计新增减税降费约1.1万亿元	全年累计新增减税降费超过4.2万亿元

数据来源：国家税务总局

图 1-1 2019—2022 年各年累计新增减税降费金额

另外，随着“金税四期”的落地，各个部门的大量数据被打通，以前未被发现税务不合规的企业逐渐显露出来。现在已经是大数据时代，税务系统可以高效地进行数据对比、匹配，一旦发现异常就会直接发出警报。

因此，很多电商企业感受到了税务合规的压力。在电商行业中，有些产品看起来毛利比较高，但相应的推广费、平台扣点等费用也不少，算下来企业的利润非常薄。有些企业的纯利润甚至比需缴纳的税费还少。

1.1.2 电商规模巨大

随着人们对互联网的依赖程度越来越高，大多数人都会在各大电商平台上消费，因此近年来电商行业的规模也在不断增长。国内电商行业“三巨头”——阿里巴巴、京东和拼多多2021财年商品交易总额（Gross Merchandise Volume，GMV）之和高达13.85万亿元，已经超过了2021年广东省地区生产总值（见图1-2）。大家都知道，所谓“一线城市”——北京、上海、广州、深圳中的后两个都在广东省，而广东省已经连续33年地区生产总值位居全国第一。由此可见，电商行业的规模确实不容小觑。

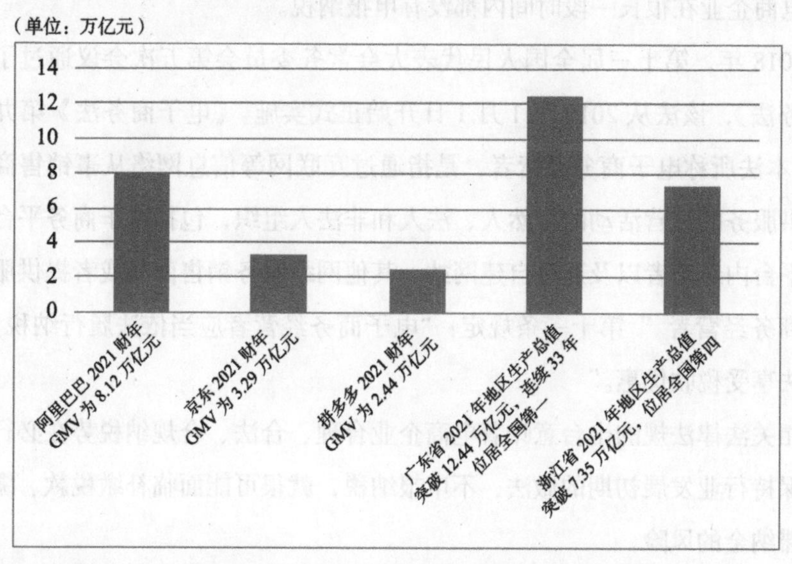

图1-2 三大电商平台GMV与两个经济大省地区生产总值的对比

1.1.3 数据透明，查税成本低

不管在什么平台上，无论以企业的名义还是以个人的名义销售商品或提供服务，每一笔交易的相关数据都是无法彻底删除的。因此，相比于线下的企业交易或个人交易，电商交易的数据非常透明，查税成本低，往往只需要对比后台的营业额与企业申报的金额，就可以判断企业是否存在漏报或少报行为。

1.2 电商企业被处罚的常见原因

电商企业被处罚的原因有很多，常见的有三种，分别是一直未缴税、偷税和虚开发票。下面简单介绍这三种情况及相应的处罚标准。

1.2.1 一直未缴税

我国电商行业起步较晚，在行业发展早期相关的法律法规很不完善，导致很多电商企业在很长一段时间内都没有申报纳税。

2018 年，第十三届全国人民代表大会常务委员会第五次会议通过了《电子商务法》，该法从 2019 年 1 月 1 日开始正式实施。《电子商务法》第九条规定："本法所称电子商务经营者，是指通过互联网等信息网络从事销售商品或者提供服务的经营活动的自然人、法人和非法人组织，包括电子商务平台经营者、平台内经营者以及通过自建网站、其他网络服务销售商品或者提供服务的电子商务经营者。"第十一条规定："电子商务经营者应当依法履行纳税义务，并依法享受税收优惠。"

相关法律法规的出台意味着电商企业合理、合法、合规纳税势在必行，如果还保持行业发展初期的做法，不申报纳税，就很可能面临补缴税款、缴纳罚款和滞纳金的风险。

1.2.2 偷税

《中华人民共和国税收征收管理法》(以下简称《税收征收管理法》)第六十三条规定:"纳税人伪造、变造、隐匿、擅自销毁账簿、记账凭证,或者在账簿上多列支出或者不列、少列收入,或者经税务机关通知申报而拒不申报或者进行虚假的纳税申报,不缴或者少缴应纳税款的,是偷税。对纳税人偷税的,由税务机关追缴其不缴或者少缴的税款、滞纳金,并处不缴或者少缴的税款百分之五十以上五倍以下的罚款;构成犯罪的,依法追究刑事责任。"

任何企业都不能逾越法律这条红线,都要做到按时申报、合规纳税。少缴税款当期一般不会被税务机关发现,但绝大部分企业都希望实现永续经营,成为"百年老店",如果为了眼前的短期利益给企业以后的发展埋下巨大的隐患,就真的是得不偿失了。

1.2.3 虚开发票

《中华人民共和国发票管理办法》(以下简称《发票管理办法》)第二十条规定:"不符合规定的发票,不得作为财务报销凭证,任何单位和个人有权拒收。"

根据《发票管理办法》第二十一条,任何单位和个人不得有下列虚开发票行为:

- 为他人、为自己开具与实际经营业务情况不符的发票;
- 让他人为自己开具与实际经营业务情况不符的发票;
- 介绍他人开具与实际经营业务情况不符的发票。

虚开发票行为可能触犯刑法。《中华人民共和国刑法》(以下简称《刑法》)第二百零五条规定:"虚开增值税专用发票或者虚开用于骗取出口退税、抵扣税款的其他发票的,处三年以下有期徒刑或者拘役,并处二万元以上二十万元以下罚金;虚开的税款数额较大或者有其他严重情节的,处三年以上十年以下有期徒刑,并处五万元以上五十万元以下罚金;虚开的税款数额巨大或者有其他特别严重情节的，处十年以上有期徒刑或者无期徒刑，并处五万元以上五十万元以下罚金或者没收财产。

“单位犯本条规定之罪的，对单位判处罚金，并对其直接负责的主管人员和其他直接责任人员，处三年以下有期徒刑或者拘役；虚开的税款数额较大或者有其他严重情节的，处三年以上十年以下有期徒刑；虚开的税款数额巨大或者有其他特别严重情节的，处十年以上有期徒刑或者无期徒刑。”

1.3 处罚的法律依据和标准

税务行政处罚的类型包括：

- 罚款；
- 没收违法所得、没收非法财物；
- 停止出口退税权；
- 法律、法规和规章规定的其他行政处罚。

税务机关对行政处罚有一定的自由裁量权。《税务行政处罚裁量权行使规则》第七条规定：“（一）法律、法规、规章规定可予以行政处罚的，应当明确是否予以行政处罚的适用条件和具体标准；（二）法律、法规、规章规定可以选择行政处罚种类的，应当明确不同种类行政处罚的适用条件和具体标准；（三）法律、法规、规章规定行政处罚幅度的，应当根据违法事实、性质、情节、社会危害程度等因素确定适用条件和具体标准；（四）法律、法规、规章规定可以单处也可以并处行政处罚的，应当明确单处或者并处行政处罚的适用条件和具体标准。”

总体来说，税务行政处罚以纳税人不缴或少缴税款的金额为计税依据，参照《税收征收管理法》的处罚标准。

1.3.1 《发票管理办法》

企业应按照《发票管理办法》的规定领购、开具、保管发票，企业在销售商品或提供服务时应向付款方开具发票。付款方在购买商品或接受服务时应向收款方取得发票，取得发票时不得要求变更品名和金额。

对于违反《发票管理办法》的行为，由税务机关责令限期改正，没收非法所得，可以并处一万元以下的罚款。发票开具必须基于真实的业务，一般情况下须保证“四流合一”（“四流”是指发票流、资金流、合同流和货物流），不得随意为他人代开不具有真实交易的发票。

1.3.2 补税、缴纳罚款和滞纳金

很多人可能不太清楚，如果违反《税收征收管理法》，应缴未缴税款或少缴税款，那么税务机关会按照什么原则进行处理。其实，原则很简单——补税、缴纳罚款和滞纳金。纳税人应该先缴纳所欠的税款，再根据应缴未缴或少缴税款缴纳50%以上、5倍以下的罚款，滞纳金则从应缴纳税款日起到实际缴纳日按照每日万分之五的利率核算。如果是未履行代扣代缴义务的扣缴义务人，则根据应缴未缴或少缴税款缴纳50%以上、3倍以下的罚款。

在这里要特别提一下滞纳金，如果将滞纳金的日利率换算成年利率，每年按照365天计算，那么滞纳金的年利率高达18.25%。相信很多人看到这个数字都会感到很惊讶，年份久远的未缴税款所造成的罚款和滞纳金很可能会超过应缴纳的税款，因此每家电商企业在财税方面都应该尽早实现完全合规。

1.3.3 《刑法》

《刑法》第二百零一条规定：“纳税人采取欺骗、隐瞒手段进行虚假纳税申报或者不申报，逃避缴纳税款数额较大并且占应纳税额百分之十以上的，处三年以下有期徒刑或者拘役，并处罚金；数额巨大并且占应纳税额百分之三十以上的，处三年以上七年以下有期徒刑，并处罚金。”

《刑法》第二百零三条规定："纳税人欠缴应纳税款，采取转移或者隐匿财产的手段，致使税务机关无法追缴欠缴的税款，数额在一万元以上不满十万元的，处三年以下有期徒刑或者拘役，并处或者单处欠缴税款一倍以上五倍以下罚金；数额在十万元以上的，处三年以上七年以下有期徒刑，并处欠缴税款一倍以上五倍以下罚金。"

在《刑法》中，涉及危害税收征管的行为还有骗取出口退税、伪造发票等。在此必须强调，税款取之于民、用之于民，纳税是包含电商企业在内的所有纳税义务人应尽的义务，千万不要心存侥幸、触碰法律红线。

1.4 电商企业税务合规重点

政府出台了很多法律法规来规范电商行业的发展，因此税务合规对电商企业来说是必须重视的事情。而且税务系统在不断地迭代更新，智能化的系统在一定程度上能促进电商企业的税务合规。

1.4.1 《电子商务法》

《电子商务法》是为了保障电子商务各方主体的合法权益，规范电子商务行为，维护市场秩序，促进电子商务持续健康发展而制定的。其规范对象主要是通过互联网等信息网络销售商品或提供服务的经营活动。

电子商务经营者应该依照相关法律法规申请办理税务登记，如实申报纳税；全面、真实、准确、及时地披露商品或服务信息，保障消费者的知情权和选择权，不得通过虚构交易、编造用户评价等方式进行虚假或引人误解的商业宣传，欺骗、误导消费者。当消费者选择商品或服务并成功提交订单后，合同成立，当事人另有约定的，从其约定；电子商务经营者不得以格式条款等方式约定消费者支付价款后合同不成立，格式条款等含有该内容的，其内容无效。

1.4.2 《网络交易监督管理办法》

《网络交易监督管理办法》发布后，在我国境内通过互联网等信息网络销售商品或提供服务的经营活动适用本办法，受市场监督管理部门的监督管理。为经营者提供网络经营场所、商品浏览、订单生成、在线支付等网络交易平台服务的，应当依法履行网络交易平台经营者的义务。通过网络交易平台服务开展网络交易活动的经营者，应当依法履行平台内经营者的义务。网络交易经营者不得违反法律法规的规定，从事无证、无照经营。从2022年10月1日起，网络交易经营者不管在哪个平台上从事经营活动，都需要亮证、亮照。以直播行业为例，直播平台每半年都要上传主播的相关信息，包括主播个人身份、直播账户、网络昵称、取酬账户等。

1.4.3 税收大数据

现在查税不像以前，以前是通过查账的方式来检查企业是否漏报或隐瞒收入，而现在是通过大数据进行比对。一旦发现异常数据，税务系统就会直接提示相关工作人员进行处理。更何况电商企业的所有数据在平台上都是透明的，是否申报收入或少报收入，只需对比数据就一目了然。因此，对税务机关来说，向电商企业征税比向传统企业征税更加便捷。

2021年3月，中共中央办公厅、国务院办公厅印发《关于进一步深化税收征管改革的意见》(以下简称《意见》)。《意见》提出，到2022年，在税收执法规范性、税费服务便捷性、税务监管精准性上取得重要进展；到2023年，基本建成税务执法、税费服务、税务监管的新体系，从无差别服务转向精细化、智能化、个性化服务，实现从“以票管税”到“以数治税”的转变；到2025年，基本建成功能强大的智慧税务，全方位提高税务执法、服务、监管能力。《意见》还提出，全面推进税收征管数字化升级和智能化改造，实现“一户式”“一人式”“一局式”“一员式”的智能归集。由此可见，税收征管将逐步实现完全的数字化、智能化，未来任何偷漏税行为在税收系统中都是无处隐藏的。

1.4.4 金税四期

税收征管体系在一次次实践中不断优化，在一次次完善中不断迭代升级，使税收更加现代化、便捷化。“金税四期”是在2021年正式启动的，相当于“金税三期”的升级版，在功能和范围上更加全面化、精准化。从“金税三期”到“金税四期”，随着各个部门数据的打通、共享，全面的数字化管理已经落地，不仅方便了财务人员申报纳税，还督促那些前期存在不合规情况的企业尽快实现完全合规。

1.5 如何正确面对自查通知和税务稽查

不少企业接到税务部门要求自查的通知或面对税务稽查时不知如何应对，容易陷入慌乱。下面简单介绍一下如何正确面对自查通知和税务稽查。

1.5.1 积极配合

人们常说：“态度决定一切。”接到自查通知或面对税务稽查的时候，企业一定要有好的态度。不管是自己带相关资料去解释还是面对现场突击检查，企业都要积极配合。一般来说，稽查人员只有掌握一定的证据，才会让企业去解释或进行现场检查。对于稽查人员询问的事项，企业一定要据实回答。有些企业在面对税务稽查时一下就慌了，情急之下做出很多错误的决定，如销毁或隐匿记账凭证、损坏计算机、拒不配合等，殊不知这样做会给企业带来更大的风险，给人“此地无银三百两”的感觉。

面对税务稽查时，企业一定要端正态度，让稽查人员知道企业管理层及财务人员在主观上不会去做不合规、不合法的事情，但可能由于个人能力或知识欠缺而犯错，企业愿意配合稽查人员一起找出这些错误，接受相关处罚，并且会引以为戒，以后不再犯类似的错误。

1.5.2　了解稽查原因

企业面对税务稽查时，一定要向稽查人员了解清楚具体原因，此次稽查涉及哪些方面，千万不要自己乱猜。尤其是第一次面对税务稽查的企业，一定要问清楚稽查人员接下来应该如何处理，如果有不清楚的数据或信息，可以先查清楚再向稽查人员反映情况，并在规定期限内处理好。

1.5.3　积极整改或寻找外部的专业团队

如果企业的人员能力有限，无法处理自查或稽查事宜，也可以向外部经验丰富的财税人员咨询，他们可以提供处理具体问题的建议，指导企业如何去解释及处理问题。与此同时，企业一定要积极配合稽查人员的工作，整改企业现有的问题，避免以后再次出现类似的问题。

1.5.4　正视稽查结果

企业被稽查后会收到一份稽查结果通知书。企业必须正视处罚结果，如果觉得处罚不合理或不同意具体的处罚方式或金额，千万不能抗税或拒不缴纳税款，可以先按照处罚决定缴纳税款、罚款等，然后走行政复议程序。

多了解一些相关案例，我们就可以发现，政府鼓励企业健康发展，很少按照最高标准处罚被稽查企业。因此，企业在受到相关处罚时，一定要正视处罚结果，采取合法、合理的手段维护自己的权利。

1.5.5　争取“首违不罚”

“首违不罚”政策是国家税务总局于 2021 年 3 月 31 日公布的，自 2021 年 4 月 1 日起施行，意思是首次违规不予处罚。当然，并不是所有的涉税事项都是如此，该政策只适用于列入“首违不罚”事项清单的事项。如果企业的违规行为符合相关条件，税务机关会责令限期改正，不予行政处罚。

税务行政处罚“首违不罚”事项清单如表 1-1 所示。

表 1-1 税务行政处罚“首违不罚”事项清单

序号	事项
1	纳税人未按照《税收征收管理法》及实施细则等有关规定将其全部银行账号向税务机关报送
2	纳税人未按照《税收征收管理法》及实施细则等有关规定设置、保管账簿或者保管记账凭证和有关资料
3	纳税人未按照《税收征收管理法》及实施细则等有关规定的期限办理纳税申报和报送纳税资料
4	纳税人使用税控装置开具发票，未按照《税收征收管理法》及实施细则、《发票管理办法》等有关规定的期限向主管税务机关报送开具发票的数据且没有违法所得
5	纳税人未按照《税收征收管理法》及实施细则、《发票管理办法》等有关规定取得发票，以其他凭证代替发票使用且没有违法所得
6	纳税人未按照《税收征收管理法》及实施细则、《发票管理办法》等有关规定缴销发票且没有违法所得
7	扣缴义务人未按照《税收征收管理法》及实施细则等有关规定设置、保管代扣代缴、代收代缴税款账簿或者保管代扣代缴、代收代缴税款记账凭证及有关资料
8	扣缴义务人未按照《税收征收管理法》及实施细则等有关规定的期限报送代扣代缴、代收代缴税款有关资料
9	扣缴义务人未按照《税收票证管理办法》的规定开具税收票证
10	境内机构或个人向非居民发包工程作业或劳务项目，未按照《非居民承包工程作业和提供劳务税收管理暂行办法》的规定向主管税务机关报告有关事项

第 2 章

电商企业财税合规涉及的法律及公司治理问题

2.1 我国现行的税法体系

税收的历史非常悠久，我国最早的税收形式出现于夏朝。我国现代税收制度经历了多次改革，如 1994 年的分税制改革、2016 年的“营改增”等。随着税制的不断成熟，我国逐渐形成了由税收实体法和税收程序法构成的税法体系。

2.1.1 我国的税法体系

税收实体法主要包括：流转税法，具体规范增值税、消费税、关税等；所得税法，具体规范个人所得税、企业所得税等；财产税法，具体规范房产税、车船税、契税等；行为税法，具体规范印花税等。税收实体法主要规范各税种的纳税人、税率、计税依据等。

税收程序法又称税收行政程序法，如《税收征收管理法》《发票管理办法》等，主要规范国家相关部门如何具体行使征税权等各项权利和纳税人履行纳税义务的程序等。

2.1.2 我国的 18 个税种

税收是国家财政收入的重要来源，所有公民和法人都有依法纳税的义务和享受税收优惠的权利。我国开征的税种有 18 个，分别是增值税、消费税、城市维护建设税、烟叶税、资源税、车辆购置税、土地增值税、关税、环境保护税、企业所得税、个人所得税、印花税、房产税、车船税、契税、城镇土地使用税、耕地占用税、船舶吨税。税收贡献最大的要数增值税。目前，我国正在加快增值税的立法进程。增值税是我国第一大税种，征税面广；排在其后的有企业所得税、个人所得税等。

2.2 电商企业常见税种

我国互联网经济快速发展，整个电商行业呈高速发展态势，涌现出了不少优秀企业。不过，在目前中小卖家居多的市场环境中，不少电商企业的纳税意识仍然比较薄弱，以至于有很多人认为，电商企业是偷税漏税最严重的企业。当然，在同样的税制下，根本不存在所谓的"法外之地"，电商企业与其他企业一样，都必须履行纳税义务。

电商企业应该如何履行好纳税义务呢？

企业经营各类业务，当这些业务属于征税范围时，就会产生税。了解税收、熟悉税收、合法经营、规范纳税是电商行业必然的发展方向。电商企业最常见的业务之一是销售货物，涉及的常见税种有增值税、消费税、附加税、印花税、关税、企业所得税、个人所得税等。

下面通过贴合真实场景的案例介绍不同的税种，后续的很多案例均基于下述案例。

【案例】

李先生成立一家贸易公司（以下简称M公司），主营金银首饰线上销售，2022年销售额为1000万元。货物成本是500万元，其中200万元的货物需要进口，300万元的货物在国内采购。线上平台扣点比例为5.5%，即平台扣点为55万元，推广费为50万元，物流费为40万元，员工工资为80万元。假设所有的收入、费用均为不含税金额，而且均能取得进项发票，消费税税率为5%，进口关税税率为20%。

2.2.1 增值税

增值税是以单位和个人生产经营过程中取得的增值额为课税对象征收的一

种税。增值税属于流转税，其特有的计税方式使其具有中性税收的特征。增值税逐环节征税，逐环节扣税，最终消费者是全部税款的承担者。

增值税的征税范围非常广，基本上市场中的经济活动都会涉及增值税。例如，一家超市销售商品，这属于销售货物，货物在流转过程中发生了增值，因此需要缴纳增值税；一家餐馆提供餐饮服务，这属于销售应税服务，也要缴纳增值税。再如，经营者出售自己的店铺，也会涉及增值税。

1. 纳税义务人及适用税率

增值税的纳税人是在我国境内销售货物或提供加工、修理、修配劳务，销售服务、无形资产或不动产，以及进口货物的单位和个人。电商企业以在网络平台上销售货物为主，属于增值税纳税人，应缴纳增值税。

增值税的税率有多档，包括 13%、9%、6% 和零税率；增值税的征收率（适用于小规模纳税人）也分为多档，包括 3% 和 5%。境内电商销售货物的，增值税一般纳税人适用 13% 税率，小规模纳税人适用 3% 征收率；如果有优惠政策，还能享受税收优惠。

2. 应缴增值税的计算

如何计算应该缴纳多少增值税呢？

通过前面的案例得知，M 公司销售额已经达到一般纳税人的标准，适用 13% 税率，因此，应缴增值税 = 当期销项税额 − 当期进项税额。

销项税额 =1000 × 13%=130（万元）。

国内采购进项税额 =300 × 13%=39（万元）。

进口货物时海关代征的增值税 =（200+200 × 20%）× 13%=31.2（万元）。

平台扣点进项税额 =55 × 6%=3.3（万元）。

推广费进项税额 =50 × 6%=3（万元）。

物流费进项税额 =40 × 6%=2.4（万元）。

进项税额合计 =39+31.2+3.3+3+2.4=78.9（万元）。

应缴增值税 =130−78.9=51.1（万元）

以上计算的是公司的应缴增值税，如果是个体工商户，可申请核定征收。假设 2022 年销售额为 1000 万元，所有费用与上面列出的一致，个体工商户应缴纳的增值税又是多少呢？

答案是一样的，应缴增值税 =130−78.9=51.1（万元）。

其原因是，个体工商户也可以是增值税一般纳税人，年销售额 1000 万元已经达到一般纳税人的标准，而个体工商户的核定征收对增值税没有影响，核定征收影响的是个人所得税。

假如 M 公司是小规模纳税人，2022 年 4 月 1 日至 2022 年 12 月 31 日销售额为 400 万元，所有费用均为原费用的 40%，应缴纳的增值税是多少呢？

不用计算就可以得出答案，应缴增值税为 0 元。

政策依据：《财政部　税务总局关于对增值税小规模纳税人免征增值税的公告》（财政部　税务总局公告 2022 年第 15 号）。自 2022 年 4 月 1 日至 2022 年 12 月 31 日，增值税小规模纳税人适用 3% 征收率的应税销售收入，免征增值税；适用 3% 预征率的预缴增值税项目，暂停预缴增值税。

M 公司的年销售额未超过 500 万元，因此属于小规模纳税人，适用上述政策，免征增值税。

3. 纳税义务人划分标准及主要区别

前文提到了增值税一般纳税人和小规模纳税人，根据现行政策，划分两者的基本标准是纳税人年应征增值税销售额（以下简称“年应税销售额”）和会计核算水平；年应税销售额不能达到规定标准但符合资格条件的，也可以办理增值税一般纳税人资格登记。

根据《财政部 税务总局关于统一增值税小规模纳税人标准的通知》（财税〔2018〕33 号），自 2018 年 5 月 1 日起，增值税小规模纳税人标准为年应税销售额 500 万元及以下。

年应税销售额是指纳税人在连续不超过 12 个月或四个季度的经营期内累计应征增值税销售额，包括纳税申报销售额、稽查查补销售额、纳税评估调整销售额。反之，超过500万元的，除下列情形外，应当向主管税务机关办理一般纳税人登记：

- 年应税销售额超过规定标准的其他个人，“其他个人”是指自然人；
- 非企业性单位、不经常发生应税行为的企业可选择按小规模纳税人纳税。

一般纳税人与小规模纳税人的主要区别在于计税方法不同。

增值税的计税方法包括一般计税方法、简易计税方法和扣缴计税方法。

一般纳税人主要适用一般计税方法，当期销项税额可以抵扣当期进项税额，计算公式如下：

当期应缴增值税＝当期销项税额－当期进项税额

小规模纳税人适用简易计税方法，不可抵扣进项税额，计算公式如下：

当期应缴增值税＝当期不含税销售额×征收率

4. 特殊销售行为

增值税特殊销售行为主要包括兼营和混合销售。

兼营是指经营行为兼有不同税率或征收率的销售货物、劳务、服务、无形资产或不动产。但是，兼营中的销售行为之间没有从属关系，可以通俗地解释为“你是你，我是我”。

对于兼营，应当分别核算适用不同税率或征收率的销售额，分别计税；未分别核算的，从高计税。

一项销售行为如果既涉及货物又涉及服务，则为混合销售。混合销售中的销售行为之间有从属关系，可以通俗地解释为“因为有你才有我”。从事货物生产、批发或零售的单位和个体工商户的混合销售，按照销售货物缴纳增值税；其他单位和个体工商户的混合销售，按照销售服务缴纳增值税。也就是说，从主业缴纳增值税，主业是销售货物的，按销售货物缴纳增值税；主业是销售服务的，按销售服务缴纳增值税。

【案例】

（1）假设 M 公司 2022 年新开一家网店，既卖保温杯（适用 13% 税率）又卖枸杞（适用 9% 税率），两种商品的销售额均为 200 万元，M 公司应该缴纳多少增值税呢（假设 M 公司是一般纳税人且不考虑进项税额）？

M 公司的两种销售行为之间没有从属关系，适用税率不同，不属于混合销售，而属于兼营，因此应该分别核算销售额。

应缴增值税 =200 × 13%+200 × 9%=26+18=44（万元）。

（2）假设 M 公司 2022 年新开一家网店，销售家具（适用 13% 税率）并提供送货上门安装服务，全年销售额为 400 万元，M 公司应该缴纳多少增值税呢（假设 M 公司是一般纳税人且不考虑进项税额）？

应缴增值税 =400 × 13%=52（万元）。

通过以上案例可知，即便销售额相同，只要销售行为不同，应缴纳的增值税也会不同。

5. 销售模式：直接销售模式与委托代销模式

电商企业的销售模式五花八门，下面主要介绍直接销售与委托代销这两种模式。

直接销售模式是指企业直接面向终端消费者销售货物、提供配送及退换货服务等，并根据需要为消费者开具发票。如果是销售一般货物，一般纳税人适用 13% 税率；符合免税条件的小规模纳税人不开具增值税专用发票的，免征增值税；如果需要开具增值税专用发票，适用 3% 征收率计算缴纳增值税。

委托代销模式是指委托方将自己的货物交付给他人，由他人代为销售。根据委托代销协议的约定，结算方式主要有两种，一种是视同买断，另一种是根据销售额的一定比例收取手续费。

（1）视同买断方式相当于直接销售，不涉及手续费的问题，受托方自购自销，按销售货物适用税率或征收率缴纳增值税。

（2）在收取手续费方式下，受托方只是根据销售额的一定比例收取代销手续费，代销方提供的其实是一种服务，所收取的手续费就是委托方支付的劳务费用，按“现代服务—商务辅助服务—经纪代理服务”适用6%税率缴纳增值税（见表2-1）。

表2-1 视同买断方式与收取手续费方式的对比

方式	特点	受托方有无定价权	受托方收入来源	适用税率及税目	备注
视同买断方式	• 双方签订代销协议 • 委托方按协议价收取所代销商品的货款 • 受托方可以将销售的商品加价出售 • 出售价与协议价之间的差额归受托方所有，不再另外收取手续费	有	售价与代销价之间的差额	13%（销售货物）	相当于直接销售
收取手续费方式	• 双方签订代销协议 • 代销商品的所有权及全部货款归属于委托方 • 受托方按委托方规定的价格出售商品 • 受托方只收取协议约定的代销手续费	无	收取的手续费	6%（现代服务—商务辅助服务—经纪代理服务）	—

现在有很多网店采用无货源代销的经营模式，那么，什么情况属于视同买断方式，什么情况属于收取手续费方式？下面通过实际的销售场景介绍两者的区别。

视同买断方式下的业务流：消费者在无货源淘宝店下单，支付货款100元，淘宝店收到货款并为消费者开具100元的发票；淘宝店无货源，因此需要向上游的供应商下单拿货，成本价为80元，供应商为淘宝店开具80元的发票；供应商根据淘宝店下的单，直接发货给消费者。在这种情况下，淘宝店赚了20元的差价，如图2-1所示。

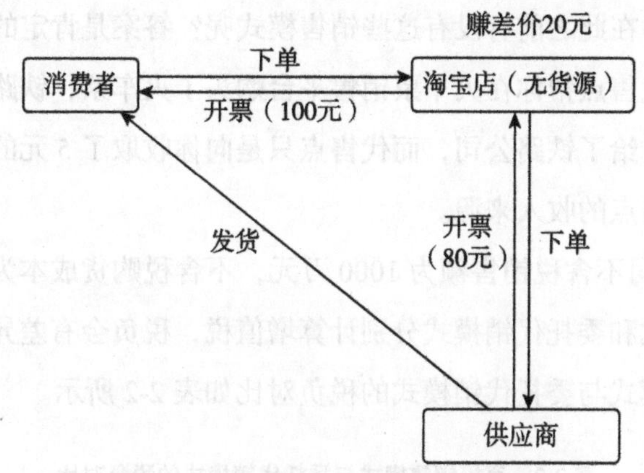

图 2-1　视同买断方式下的委托代销

收取手续费方式下的业务流：淘宝店是无货源的受托方，不直接销售商品；上游供应商委托淘宝店销售商品，委托销售价格为 80 元，货款由淘宝店代收代付；消费者在无货源淘宝店下单，支付货款 80 元；淘宝店将代收的 80 元货款全额支付给供应商，由供应商为消费者开具 80 元的发票并发货；供应商根据淘宝店的订单向淘宝店支付代销手续费。在这种情况下，淘宝店以代销手续费为收入来源，如图 2-2 所示。

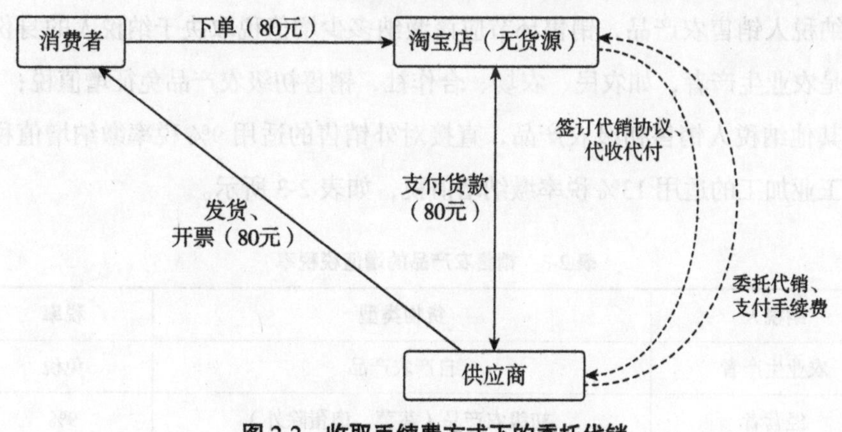

图 2-2　收取手续费方式下的委托代销

以上是电商行业中常见的委托代销模式，而电商是互联网经济发展起来后出现的新业态，在此之前有没有这些销售模式呢？答案是肯定的。举个常见的例子，火车票代售点帮你在火车票销售平台购买了火车票，铁路公司直接出票给你，票钱支付给了铁路公司，而代售点只是向你收取了5元的手续费，这个手续费才是代售点的收入来源。

假设M公司不含税销售额为1000万元，不含税购货成本为600万元，按照直接销售模式和委托代销模式分别计算增值税，税负会有差异吗？

直接销售模式与委托代销模式的税负对比如表2-2所示。

表2-2　直接销售模式与委托代销模式的税负对比

单位：万元

税种	直接销售模式税负	委托代销模式税负	税负差异
增值税	1000×13%−600×13%=52	400×6%=24	28

6. 农产品如何缴纳增值税

随着互联网经济的快速发展，电商企业把传统商家在线下能卖的东西都搬到网络平台上销售。假如M公司（一般纳税人）在2022年新开一家网店，从农民手中采购枸杞后直接销售，销售额为200万元，采购成本为120万元，M公司应该缴纳多少增值税呢？

纳税人销售农产品，销售环节应该缴纳多少增值税取决于纳税人的身份。如果是农业生产者，如农民、农场、合作社，销售初级农产品免征增值税；如果是其他纳税人销售初级农产品，直接对外销售的适用9%税率缴纳增值税，经过工业加工的适用13%税率缴纳增值税，如表2-3所示。

表2-3　销售农产品的增值税税率

纳税人	货物类型	税率
农业生产者	自产农产品	免税
经营者	初级农产品（蔬菜、肉蛋除外）	9%
经营者	经过工业加工的农产品	13%

纳税人购进农产品，如何抵扣进项税额呢？供货方不同、获取的发票类型

不同，抵扣方式也不尽相同，如表 2-4 所示。

表 2-4　农产品进项税额抵扣方式

<table>
<tr><th rowspan="2">采购方式</th><th rowspan="2">获取的发票</th><th rowspan="2">抵扣方式</th><th colspan="2">抵扣金额</th></tr>
<tr><th>直接销售</th><th>加工后销售（适用 9%、13% 税率的产品）</th></tr>
<tr><td>从农民处购入</td><td>农产品收购发票（收购方开具）</td><td>计算抵扣</td><td>采购价 ×9%</td><td>采购价 ×9% 或 10%</td></tr>
<tr><td>从农场、合作社处购入</td><td>农产品销售发票</td><td>计算抵扣</td><td>采购价 ×9%</td><td>采购价 ×9% 或 10%</td></tr>
<tr><td rowspan="2">从小规模纳税人处购入</td><td>增值税专用发票</td><td>计算抵扣</td><td>票面价 ×9%</td><td>票面价 ×9% 或 10%</td></tr>
<tr><td>普通发票</td><td>不得抵扣</td><td>—</td><td>—</td></tr>
<tr><td rowspan="2">从一般纳税人处购入</td><td>增值税专用发票（适用 9% 税率的产品）</td><td>凭票抵扣</td><td>票面税额</td><td>—</td></tr>
<tr><td>普通发票</td><td>不得抵扣</td><td>—</td><td>—</td></tr>
</table>

由此可见，M 公司从农民手中采购农产品，如果取得的发票符合规定，可以按照 9% 的扣除率抵扣进项税额。

当期应纳税额 = 当期销项税额 − 当期进项税额 =200×9%−120×9% =7.2（万元）。

2.2.2　消费税

电商企业有没有可能涉及消费税呢？从消费税的征税范围来看，电商企业有可能涉及消费税。最典型的例子就是线上销售金银首饰，前面案例中的 M 公司要缴纳的税中就包含消费税。

1. 纳税义务人

根据现行规定，消费税的纳税人指在我国境内生产、委托加工和进口应税消费品的单位和个人。

2. 税目

在不考虑税收优惠的情况下，增值税几乎对所有货物征收，而消费税只对属于消费税应税税目中的15个税目征收。根据特征，这15个税目可以分为三类。

- 第一类：与身体健康相关的，过度消费会对身心健康、社会秩序等方面造成危害的特殊消费品，如烟、酒。
- 第二类：与奢侈品相关的，如高档化妆品、贵重首饰、珠宝玉石等。奢侈品不是生活必需品，是高收入人群能消费得起的。对这类货物征收消费税，可以调节收入水平，体现“高收入者多缴税”的原则。
- 第三类：与环保节能相关的，一些不可再生和替代的稀缺资源消费品，如摩托车、小汽车、汽油、柴油等，如图2-3所示。

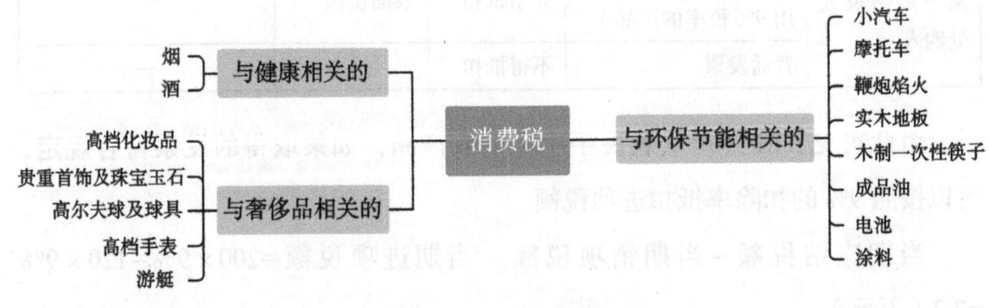

图2-3 消费税税目

3. 纳税环节

消费税原则上在生产（进口）、流通或消费的某一环节一次征收（卷烟和超豪华小汽车除外），而不是在生产、流通或消费的每个环节多次征收，消费税的征税环节具有单一环节一次课征的特点。

根据《财政部 国家税务总局关于调整金银首饰消费税纳税环节有关问题的通知》[（1994）财税字第95号]，金银首饰消费税由生产销售环节征收改为零售环节征收。

另外，有两种特殊消费品的消费税采用双环节征收，一是卷烟，二是超豪华小汽车。卷烟在批发环节加征一道消费税，超豪华小汽车在零售环节加征一道消费税。

消费税应税消费品的征税环节如表 2-5 所示。

表 2-5 消费税应税消费品的征税环节

纳税方式	应税消费品	征税环节
单环节纳税	金银、铂金首饰，钻石及钻石饰品	零售环节征税，其他环节不征税
单环节纳税	其他应税消费品	生产、委托加工或进口环节征税，其他环节不征税
双环节纳税	卷烟	生产、委托加工或进口环节和批发环节征税
	超豪华小汽车	生产、委托加工或进口环节和零售环节征税

4. 征税方式

按照现行消费税相关规定，消费税应纳税额的计算方法分为三种，分别是从价定率、从量定额和复合计税。

（1）从价定率计算方法

在从价定率计算方法下，应纳税额取决于应税消费品的销售额和适用税率。其计算公式如下：

应纳税额 = 应税消费品的销售额 × 比例税率

适用从价定率计算方法计算消费税的应税消费品税目有贵重首饰及珠宝玉石、小汽车、高尔夫球及球具、高档手表、游艇、木制一次性筷子。

（2）从量定额计算方法

在从量定额计算方法下，应纳税额取决于应税消费品的销售数量和单位税额。其计算公式如下：

应纳税额 = 应税消费品的销售数量 × 定额税率

适用从量定额计算方法计算消费税的应税消费品税目有汽油、柴油等成品油及啤酒、黄酒。

（3）复合计税计算方法

在消费税的现行征税范围中，只有卷烟和白酒采用复合计税计算方法。其计算公式如下：

应纳税额 = 销售额 × 比例税率 + 销售数量 × 定额税率

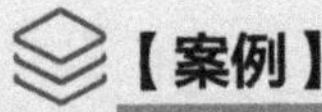

【案例】

回到本章开头的案例，M公司在零售环节销售金银首饰，产生了纳税义务，应该缴纳消费税。

应缴纳的消费税 = 不含税销售额 × 税率 =1000×5%=50（万元）。

2.2.3 附加税

顾名思义，附加税是指附随主税征收的税。本书所称的附加税包括三种，分别是城市维护建设税、教育费附加和地方教育费附加[①]。附加税因地区经济发达程度不同而适用差别比例税率，主要用于各地的城市建设、教育事业等，专款专用。

1. 纳税义务人

附加税的纳税义务人为缴纳增值税、消费税的单位和个人。附加税的计税依据是纳税人实际缴纳的增值税、消费税税额，因此，如果当期没有缴纳增值税、消费税，就不需要缴纳附加税。

2. 税率

城市维护建设税实行地区差别税率，市区为7%，县城、镇为5%，不在市区、县城、镇的为1%。教育费附加率为3%，地方教育费附加征收标准为2%。

3. 应纳税额的计算

应纳税额的计算公式如下：

应纳税额 =（实缴的增值税税额 + 实缴的消费税税额）× 税率

① 严格来说，教育费附加和地方教育费附加是对缴纳增值税、消费税的单位和个人征收的附加费。此处主要从电商企业的角度介绍应缴纳税费的征收标准和计算方法，故未严格区分税和费。

【案例】

假设M公司所在地在市区，实缴的增值税税额为51.1万元，实缴的消费税税额为50万元。

应缴纳的附加税 =（51.1+50）×（7%+3%+2%）=12.132（万元）。

2.2.4 印花税

1. 纳税义务人

在我国境内书立应税凭证、进行证券交易的单位和个人为印花税的纳税人，应当依照《中华人民共和国印花税法》（以下简称《印花税法》）的规定缴纳印花税。

在我国境外书立在境内使用的应税凭证的单位和个人，应当依照《印花税法》的规定缴纳印花税。

这里提到的应税凭证是指《印花税法》所附的《印花税税目税率表》列明的合同、产权转移书据和营业账簿。

2. 税率

印花税的税目、税率依照《印花税法》所附的《印花税税目税率表》执行，这里整理出一份简表，如表2-6所示。

表2-6　印花税税目税率简表

税目	税率
仓储合同、租赁合同、保管合同、财产保险合同	千分之一
买卖合同、技术合同、运输合同、承揽合同、建设工程合同，商标专用权、著作权、专利权、专有技术使用权转让书据	万分之三
融资租赁合同、借款合同	万分之零点五
土地使用权出让书据，土地使用权、房屋等建筑物和构筑物所有权转让书据（不包括土地承包经营权和土地经营权转移），股权转让书据（不包括应缴纳证券交易印花税的）	万分之五

（续表）

税目	税率
营业账簿	万分之二点五
证券交易	千分之一

3. **征税范围**

征收印花税的经济凭证种类繁多、数量巨大。印花税只对《印花税法》中列举的凭证征收，没有列举的不征税。《印花税法》中列举的凭证分为四类，即合同（指书面合同）、产权转移书据、营业账簿和证券交易，如图2-4所示。

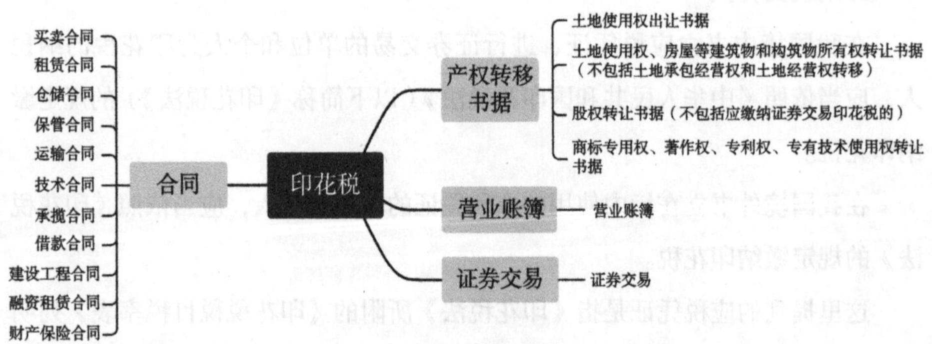

图2-4　印花税税目

4. **应纳税额的计算**

印花税的应纳税额按照计税依据乘以适用税率计算。

印花税的计税依据如下：

- 应税合同的计税依据，为合同所列的金额，不包括列明的增值税税款；
- 应税产权转移书据的计税依据，为产权转移书据所列的金额，不包括列明的增值税税款；
- 应税营业账簿的计税依据，为账簿记载的实收资本（股本）、资本公积合计金额；
- 证券交易的计税依据，为成交金额。

【案例】

以 M 公司为例，计算缴纳印花税的凭证为国内采购和进口采购的采购合同。

应纳税额 =500 × 3‱=0.15（万元）。

注意：《印花税法》正式施行后，对于个人与电子商务经营者订立的电子订单，免征印花税。根据《财政部 税务总局关于印花税若干事项政策执行口径的公告》（财政部 税务总局公告 2022 年第 22 号），对应税凭证适用印花税减免优惠的，书立该应税凭证的纳税人均可享受印花税减免政策，明确特定纳税人适用印花税减免优惠的除外。因此，M 公司通过线上销售产生的符合条件的电子订单可以享受免征印花税的优惠。

5. 电商企业常见合同及税率

与其他税种相比，印花税的税率较低，企业很容易忽视这个税种。现行印花税的征收依照《税收征收管理法》和有关法律、行政法规的规定，未按照规定履行纳税义务会给企业带来不必要的风险。

电商企业在生产经营过程中要注意表 2-7 所示的几种常见的印花税应税合同，及时申报缴纳印花税。

表 2-7 电商企业常见的印花税应税合同及其税率

类别	税率	计税依据
买卖合同	万分之三	采购和销售合同上列明的金额
运输合同	万分之三	运费收入，不包括货物金额、装卸费和保险费
租赁合同	千分之一	租金收入
仓储合同	千分之一	仓储费收入
保管合同	千分之一	保管费收入

2.2.5 关税

关税是由海关根据国家制定的有关法律，以我国准许进出口的货物和物品为征税对象的一种商品税。关税与其他税收一样，征税主体都是国家。不同的是，其他税收主要由税务机关征收，而关税由海关征收。

1. 纳税义务人

关税的纳税义务人为进口货物的收货人、出口货物的发货人、进出境物品的所有人（携带人、邮运进境收件人、邮运出境寄件人或托运人等）。

2. 征税范围

关税的征税范围是进出关境的货物和物品。

3. 应纳税额的计算

应纳税额的计算公式如下：

关税应纳税额 = 关税完税价格 × 关税税率

关税完税价格 = 货物成交价格 + 运输及相关费用 + 保险费

【案例】

在M公司的案例中，并未提及货物运输进境产生的运输及相关费用、保险费，因此以货物成交价格200万元为计税依据计算关税应纳税额。

关税应纳税额 =200 × 20%=40（万元）。

2.2.6 企业所得税

企业所得税是对我国境内的企业和其他取得收入的组织的生产经营所得和其他所得征收的所得税。企业所得税也叫法人所得税或公司所得税，通常以净所得为征税对象，即应纳税所得额，而非收入。因此，计算应纳税所得额时，需要减去成本、费用、税金（不包含允许抵扣的增值税税款）、损失和其他支出等，这使企业所得税计税依据的计算较为复杂。

1. 纳税义务人

企业所得税的纳税义务人为我国境内的企业和其他取得收入的组织。企业所得税的纳税人分为居民企业和非居民企业。其中，居民企业是指依法在我国境内成立，或者依照外国（地区）法律成立但实际管理机构在我国境内的企业；非居民企业是指依照外国（地区）法律成立且实际管理机构不在我国境内，但在我国境内设立机构、场所的，或者在我国境内未设立机构、场所，但有来源于我国境内所得的企业。下面只针对一般的电商企业进行介绍。

2. 征税对象

企业所得税的征税对象是指企业取得的生产经营所得、其他所得和清算所得，包括销售货物所得、提供劳务所得、转让财产所得、股息红利等权益性投资所得、利息所得、租金所得、特许权使用费所得、接受捐赠所得和其他所得。

3. 应纳税额的计算

应纳税额的计算公式如下：

应纳税额 = 应纳税所得额 × 税率

应纳税所得额 = 应税收入 − 税法认可的扣除金额

=（收入总额 − 不征税收入 − 免税收入）− 各项扣除金额

− 允许弥补的以前年度亏损

企业收入总额包括货币性收入和非货币性收入，其中非货币性收入应当按照公允价值确定收入额。

【案例】

以 M 公司为例，销售货物的收入为 1000 万元，减去货物成本、经营过程中产生的费用、允许扣除的税金，得出应纳税所得额，然后就能算出应纳税额。

应纳税所得额 =1000−500−50−55−50−40−80−12.132−0.15−40=172.718（万元）。

M 公司可以享受当时的小型微利企业所得税优惠政策，优惠政策内容如下：对小型微利企业年应纳税所得额不超过 100 万元的部分，自 2021 年 1 月 1 日至 2022 年 12 月 31 日，减按 12.5% 计入应纳税所得额，按 20% 的税率缴纳企业所得税（即实际税负率 =12.5%×20%=2.5%）；对小型微利企业年应纳税所得额超过 100 万元但不超过 300 万元的部分，自 2022 年 1 月 1 日至 2024 年 12 月 31 日，减按 25% 计入应纳税所得额，按 20% 的税率缴纳企业所得税（即实际税负率 =25%×20%=5%）。

应纳税额 =100×2.5%+（172.718−100）×5%=6.1359（万元）。

4. 小型微利企业及企业所得税优惠政策

小型微利企业是指从事国家非限制和禁止行业且同时符合年度应纳税所得额不超过 300 万元、从业人数不超过 300 人、资产总额不超过 5000 万元这三个条件的企业。

小型微利企业无论按查账征收方式还是按核定征收方式缴纳企业所得税，均可享受上述企业所得税优惠政策。

从业人数包括与企业建立劳动关系的职工人数和企业接受的劳务派遣用工人数。企业的从业人数和资产总额应按企业全年的季度平均值确定，计算公式如下：

季度平均值 =（季初值 + 季末值）÷2

全年季度平均值 = 全年各季度平均值之和 ÷4

年度中间开业或终止经营活动的，以其实际经营期作为一个纳税年度确定上述相关指标。

5. 小型微利企业与小规模企业的区别

很多人会将这两个概念混淆，这里特别说明一下。小型微利企业是企业所得税纳税人的认定标准，小规模企业是增值税纳税义务人的划分标准，两者之间没有关联，分别在计算相应税种时进行判别，以享受相应的税收优惠政策。

例如，只要符合条件，属于增值税一般纳税人的企业也有可能是小型微利企业。

6. 普通企业与高新技术企业的区别

普通企业可以理解为小型微利企业、高新技术企业、科技型中小企业等享受优惠政策的企业以外的企业。普通企业缴纳企业所得税适用25%税率。

高新技术企业是指在国家重点支持的高新技术领域内，持续进行研究开发与技术成果转化，形成企业核心自主知识产权，并以此为基础开展经营活动，在我国境内（不包括港、澳、台地区）注册的居民企业。高新技术企业有严格的认定条件及申请程序，这里不再赘述，如果希望深入了解，可访问国家税务总局网站。

国家重点扶持的高新技术企业减按15%的税率征收企业所得税。

7. 个体工商户是否要缴纳企业所得税

电商企业中有很大一部分主体是个体工商户，个体工商户是否要缴纳企业所得税呢?

根据企业所得税的纳税义务人可知，企业所得税只对具有独立法人资格的法人企业和其他组织征收。不具有独立法人资格的个人独资企业、个体工商户不以企业名义缴纳企业所得税，而是由自然人业主缴纳个人所得税。

2.2.7 个人所得税

个人所得税是现行税制中的主要税种之一，是以个人（自然人）取得的各项应税所得为征税对象的一种税。在市场经济体制下，征收个人所得税可以调节收入水平，促进社会公平。

在个人所得税的征收中，有两个概念必须明确，即居民个人和非居民个人。

在我国境内有住所，或者无住所而一个纳税年度内在我国境内居住累计满 183 天的个人，为居民个人。居民个人从我国境内和境外取得的所得，依照《中华人民共和国个人所得税法》(以下简称《个人所得税法》) 规定缴纳个人所得税。也就是说，居民个人取得的全球所得均要在我国纳税。

在我国境内无住所又不居住，或者无住所而一个纳税年度内在我国境内居住累计不满 183 天的个人，为非居民个人。非居民个人从我国境内取得的所得，依照《个人所得税法》规定缴纳个人所得税。本书对这类纳税人的所得不做进一步的介绍。

个人所得税以所得人为纳税人，以支付所得的单位或个人为扣缴义务人。由此可见，对个人所得税进行扣缴申报是扣缴义务人的法定义务，不得违反；一旦违反，依照《税收征收管理法》和有关法律法规的规定，会被追究法律责任。

1. 混合征收模式：综合征收 + 分类征收

个人所得税的征税对象是个人取得的应税所得。修订后的《个人所得税法》采取“综合征收 + 分类征收”的混合征收模式，列举征税的个人所得共有 9 项，如表 2-8 所示。

表 2-8　个人所得税征税范围

混合征收模式	税目	是否需要汇算清缴
综合征收	1. 工资、薪金所得	预缴时分类，清缴时综合；次年 3 月 1 日—6 月 30 日汇算清缴
	2. 劳务报酬所得	
	3. 稿酬所得	
	4. 特许权使用费所得	
分类征收	5. 经营所得	次年 3 月 31 日前汇算清缴
	6. 利息、股息、红利所得	—
	7. 财产租赁所得	
	8. 财产转让所得	
	9. 偶然所得	

居民个人取得表2-8中第1～4项所得（以下称“综合所得”），按纳税年度合并计算个人所得税；有扣缴义务人的，由扣缴义务人按月或按次预扣预缴税款；需要办理汇算清缴的，应当在取得所得的次年3月1日—6月30日办理汇算清缴。

纳税人取得表2-8中第5～9项所得（以下称“分类所得”），依照《个人所得税法》规定分别计算个人所得税。纳税人取得经营所得，按年计算个人所得税，由纳税人在月度或季度终了后15日内向税务机关报送纳税申报表并预缴税款；在取得所得的次年3月31日前办理汇算清缴。

纳税人取得利息、股息、红利所得，财产租赁所得，财产转让所得和偶然所得，按月或按次计算个人所得税；有扣缴义务人的，由扣缴义务人按月或者按次代扣代缴税款。

此处会重点介绍工资、薪金所得，经营所得，利息、股息、红利所得。

2. 工资、薪金所得

工资、薪金所得是指个人因任职或受雇取得的工资、薪金、奖金、年终加薪、劳动分红、津贴、补贴，以及与任职或受雇有关的其他所得。工资、薪金所得适用七级超额累进税率，以其应纳税所得额按适用税率计算应纳税额。

扣缴义务人（如电商企业）向员工支付工资、薪金所得时，应当按照累计预扣法计算预扣税款，并按月办理扣缴申报。纳税人（员工）在年度终了的次年3月1日—6月30日进行汇算清缴，税款多退少补。其计算公式如下：

本期应预扣预缴税额＝（累计预扣预缴应纳税所得额 × 预扣率－速算扣除数）－累计减免税额－累计已预扣预缴税额

累计预扣预缴应纳税所得额＝累计收入－累计免税收入－累计减除费用－累计专项扣除－累计专项附加扣除－累计依法确定的其他扣除

其中，累计减除费用按照5000元/月乘以纳税人当年截至本月在本单位的任职受雇月份数计算。

专项扣除包括居民个人按照国家规定的范围和标准缴纳的基本养老保险、基本医疗保险、失业保险等社会保险费和住房公积金等。

个人所得税工资、薪金所得的计算适用《个人所得税税率表》(综合所得适用)，如表 2-9 所示。

表 2-9　个人所得税税率表（综合所得适用）

级数	全年应纳税所得额	税率（%）	速算扣除数
1	不超过 36 000 元的	3	0
2	超过 36 000 元至 144 000 元的部分	10	2520
3	超过 144 000 元至 300 000 元的部分	20	16 920
4	超过 300 000 元至 420 000 元的部分	25	31 920
5	超过 420 000 元至 660 000 元的部分	30	52 920
6	超过 660 000 元至 960 000 元的部分	35	85 920
7	超过 960 000 元的部分	45	181 920

3. 专项附加扣除

通过上面的计算公式可知，取得工资、薪金所得可以进行专项附加扣除。专项附加扣除项目包括子女教育、继续教育、大病医疗、住房贷款利息或住房租金、赡养老人、3 岁以下婴幼儿照护等支出，如图 2-5 所示。

【案例】

假设李先生工资年收入为 30 万元，按标准缴纳三险一金 2.4 万元/年，他有 3 个孩子，都在上小学。李先生是独生子，父母均已年满 60 周岁。首套住房贷款利息支出为 20 万元/年。符合条件的专项附加扣除项目均由李先生一方扣除，李先生应缴纳多少个人所得税呢？

计算李先生取得工资收入应缴纳的个人所得税，应先确定应纳税所得额，然后按照税率表相应的级数找到税率及速算扣除数，最后进行计算。应纳税所得额由工资收入减除相应的扣除项目后确定，扣除项目分别为：

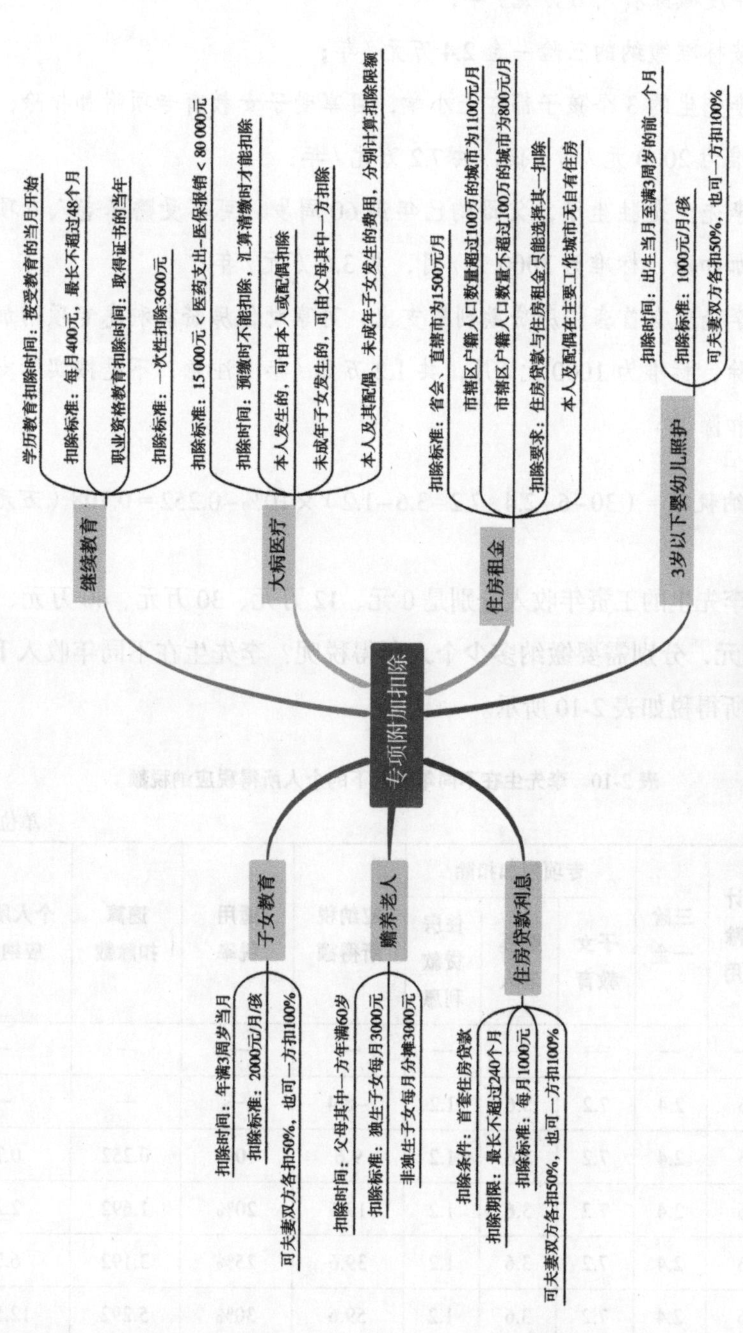

图 2-5 个人所得税专项附加扣除项目

- 年度减除费用 6 万元 / 年；
- 按标准缴纳的三险一金 2.4 万元 / 年；
- 李先生的 3 个孩子都在上小学，可享受子女教育专项附加扣除，标准为 2000 元 / 月 / 孩，共 7.2 万元 / 年；
- 李先生是独生子，父母均已年满 60 周岁，可享受赡养老人专项附加扣除，标准为 3000 元 / 月，共 3.6 万元 / 年；
- 李先生有首套住房贷款利息支出，可享受住房贷款利息专项附加扣除，标准为 1000 元 / 月，共 1.2 万元 / 年（注意，不是按实际支出扣除）。

应纳税额 =（30−6−2.4−7.2−3.6−1.2）× 10%−0.252 = 0.708（万元）。

假设李先生的工资年收入分别是 0 元、12 万元、30 万元、40 万元、60 万元、80 万元，分别需要缴纳多少个人所得税呢？李先生在不同年收入下应缴纳的个人所得税如表 2-10 所示。

表 2-10　李先生在不同年收入下的个人所得税应纳税额

单位：万元

工资	累计减除费用	三险一金	专项附加扣除			应纳税所得额	适用税率	速算扣除数	个人所得税应纳税额
			子女教育	赡养老人	住房贷款利息				
0	—	—	—	—	—	—	—	—	—
12	6	2.4	7.2	3.6	1.2	−8.4	—	—	—
30	6	2.4	7.2	3.6	1.2	9.6	10%	0.252	0.708
40	6	2.4	7.2	3.6	1.2	19.6	20%	1.692	2.228
60	6	2.4	7.2	3.6	1.2	39.6	25%	3.192	6.708
80	6	2.4	7.2	3.6	1.2	59.6	30%	5.292	12.588

4. 经营所得

个人所得税经营所得，以每一纳税年度的收入总额减除成本、费用及损失后的余额，为应纳税所得额，按照《个人所得税税率表》（经营所得适用）计算应纳税额。

《个人所得税税率表》（经营所得适用）如表 2-11 所示。

表 2-11　个人所得税税率表（经营所得适用）

级数	全年应纳税所得额	税率	速算扣除数
1	不超过 30 000 元的	5%	0
2	超过 30 000 元至 90 000 元的部分	10%	1500
3	超过 90 000 元至 300 000 元的部分	20%	10 500
4	超过 300 000 元至 500 000 元的部分	30%	40 500
5	超 500 000 元的部分	35%	65 500

个体工商户的生产、经营所得适用五级超额累进税率，以其应纳税所得额按适用税率计算应纳税额。其计算公式如下：

应纳税额 = 应纳税所得额 × 适用税率 − 速算扣除数

应纳税所得额 = 收入总额 − 成本费用 − 损失 − 税金（不包括允许抵扣的增值税税款）− 其他支出 − 允许弥补的以前年度亏损

个体工商户生产、经营所得的应纳税额采用按年计算、分季预缴及年终汇算清缴、多退少补的办法，因此需要分别计算按季预缴税额和年终汇算清缴税额。

生产、经营规模小，达不到《个体工商户建账管理暂行办法》规定的设置账簿标准的个体工商户，实施定期定额征收管理。

假设李先生是个体工商户，2022 年销售额为 400 万元，所有成本费用为 340 万元，李先生申请核定征收，核定的应税所得率为 10%，李先生应缴纳多少个人所得税呢（不考虑其他税）？

（1）在查账征收方式下，应纳税额的计算如下：

应纳税额 =（400−340）× 35%−6.55=14.45（万元）。

注意：取得经营所得的个人，没有综合所得的，计算其每一纳税年度的应纳税所得额时，应当减除累计减除费用 6 万元及专项扣除、专项附加扣除和依法确定的其他扣除。专项附加扣除在办理汇算清缴时减除。这里不再举例。

（2）在核定征收方式下，应纳税额的计算公式如下：

应纳税额 = 应纳税所得额 × 适用税率 – 速算扣除数

应纳税所得额 = 收入总额 × 应税所得率

也就是说，通过核定的应税所得率确定应纳税所得额后，按照税率表相应的级数找到税率和速算扣除数，计算应纳税额。在核定征收方式下，不减除成本费用。

应纳税额 =400×10%×30%–4.05=7.95（万元）。

5. 利息、股息、红利所得

公司向股东个人分红时，股东按照利息、股息、红利所得，适用比例税率（税率为 20%），缴纳个人所得税，并由支付方按次代扣代缴。利息、股息、红利所得以个人每次取得的收入额为应纳税所得额，不得从收入额中扣除任何费用。应纳税额的计算公式如下：

应纳税额 = 应纳税所得额（每次收入额）× 适用税率

【案例】

以 M 公司为例，通过前面的计算可知，M 公司的税后利润为 1 665 821 元，假设不考虑其他情况，M 公司将税后利润全部用于分红，李先生利息、股利、红利所得应纳税额为：

应纳税额 =1 665 821×20%=333 164.2（元）。

如果公司为李先生代扣代缴了分红个人所得税，公司即可通过对公账户将税后分红打款给李先生，即所谓的"公转私"。在不考虑《中华人民共和国公司法》(以下简称《公司法》) 要求公司对税后利润提取公积金的情况下，"公转私"的处理符合相关规定。不过，很多企业投资者对税收不够了解，公司的经营管理也不够规范，不符合规定的"公转私"时有出现。

如果发生"公转私"的情况，个人所得税应该如何处理呢？企业可以通过企业性质及人员身份进行判断并做相应的处理，如表 2-12 所示。

表 2-12 "公转私"的个人所得税处理

企业性质	资金用途	受益主体	个人所得税应税项目	适用税率
个体工商户、个人独资企业、合伙企业	购买房屋或其他财产	投资者或其家庭成员	经营所得	五级超额累进税率
		其他人员	工资、薪金所得	七级超额累计税率
法人企业	购买房屋或其他财产	股东或其家庭成员	利息、股息、红利所得	20%
		其他人员	工资、薪金所得	七级超额累计税率
	向企业借款，年度终了未归还	股东	利息、股息、红利所得	20%

2.3 《公司法》及股权、股东、法定代表人问题

目前，国家市场监督管理总局对电商平台的监管力度逐步加强，要求电商平台和商户"亮照、亮证、亮规则"，电商店铺必须绑定经营主体、公示营业执照。有些电商店铺完全由个人运营，没有营业执照，因此必须去注册公司。这时，就不得不考虑一个问题：如何选择合适的商事主体？很多人的第一个想法是注册公司，但注册公司需要注意哪些问题呢？

2.3.1 公司类型

公司是一种企业组织形式，是依照法定条件和程序，由股东出资设立的以

营利为目的的社团法人，可分为有限责任公司和股份有限公司两种类型。

2.3.2 不同组织形式的利弊

常见的企业组织形式有公司、个人独资企业、合伙企业、个体工商户等。

公司属于法人，以营利为目的；公立学校、公立医院也属于法人，但不以营利为目的。与法人相对应的是非法人组织，如个人独资企业、合伙企业等。

个人独资企业是指由一个自然人投资，全部资产为投资人所有的营利性经济组织。个人独资企业是一种很古老的企业形式，至今仍被广泛运用于商业经营中，其典型特征是个人出资、个人经营、个人自负盈亏和自担风险。

合伙企业是指由各合伙人订立合伙协议，共同出资、共同经营、共享收益、共担风险，并对企业债务承担无限连带责任的营利性组织。

个体工商户是指依法经核准登记，从事工商业经营的自然人或家庭。根据《中华人民共和国民法典》（以下简称《民法典》）第五十四条，自然人从事工商业经营，经依法登记，为个体工商户。个体工商户可以起字号。

不同组织形式的利弊各不相同，如表2-13和表2-14所示。

表2-13 不同组织形式的对比（法人与非法人组织）

对比项目	法人		非法人组织	
责任承担	以公司资产总额为限承担有限责任		全体（部分）投资人承担无限责任	
名称预先审核分类	公司制	非公司制	个人独资企业	合伙企业
主要区别	以营利为目的	非营利	1人	多人（最少2人）
例子	有限责任公司	公立学校、公立医院	—	—

表 2-14　不同组织形式的对比（个人独资企业、个体工商户与合伙企业）

对比项目	个人独资企业	个体工商户	合伙企业	
			普通合伙企业	有限合伙企业
债务责任	无限责任	无限责任	无限连带责任	有限合伙人：有限责任 普通合伙人：无限连带责任
有无固定的生产经营场所	必须有	并非必要条件	必须有	
经营主体	投资者与经营者可以是不同的人	投资者和经营者都必须是投资设立个体工商户的自然人	投资者与经营者可以是不同的人	
所缴纳的税种	缴纳个人所得税，不需要缴纳企业所得税			
能否转让	可以转让			

2.3.3　一人有限责任公司与多人有限责任公司

根据现行《公司法》①，有限责任公司可以分为一人有限责任公司和标准有限责任公司（或称多人有限责任公司）。

一人有限责任公司是指只有一个自然人股东或一个法人股东的有限责任公司。多人有限责任公司是指根据法律规定的条件成立，由两个以上股东共同出资，并以其认缴的出资额对公司的经营承担有限责任的有限责任公司。

公司以其全部资产对其债务承担责任。一人有限责任公司与多人有限责任公司有哪些异同呢？表 2-15 对相关要点进行了汇总。

① 2023 年 12 月 29 日第十四届全国人民代表大会常务委员会第七次会议表决通过新修订的《公司法》，新《公司法》将于 2024 年 7 月 1 日起施行。新《公司法》删除了关于一人有限责任公司的若干规定。

表 2-15　一人有限责任公司与多人有限责任公司的对比

对比项目		一人有限责任公司	多人有限责任公司
共同点	债务责任	股东以认缴的出资金额为限承担有限责任	
	注册资金	认缴制	
不同点	股东人数	1 个自然人股东或 1 个法人股东	股东 2 ~ 50 人
	设立个数	1 个自然人只能成立 1 个一人有限公司	股东可成立多个有限公司

现在有一些人在炒作各种概念，比如说要成立“家庭公司”，随之而来的是一个现实问题：如果夫妻成立一家有限责任公司，这家公司是一人有限责任公司还是多人有限责任公司？

现行《公司法》第五十七条规定：“本法所称一人有限责任公司，是指只有一个自然人股东或者一个法人股东的有限责任公司。”夫妻二人出资成立的公司，注册资本来源于夫妻共同财产，公司的全部股权属于双方共同共有。也就是说，公司的全部股权实质来源于同一财产权，并被一个所有权共同享有和支配，股权主体具有利益的一致性和实质的单一性。在这种情况下，该公司与一人有限责任公司在主体构成和规范适用上具有高度相似性，是实质意义上的一人有限责任公司。

基于此，应参照现行《公司法》第六十三条规定，将公司财产独立于股东自身财产的举证责任分配给作为股东的夫妻二人。

2.3.4　股东资格与股权

股东资格又称股东地位，股东可以是自然人或法人、非法人组织，甚至可以是国家。我们都知道，要想成为一家公司的股东，在公司注册登记时，必须在市场监督管理部门进行登记。同时，要想取得股东资格，必须付出对价。也就是说，股东要提供投资才能换取公司的股权份额。现在注册公司基本上采用认缴制，股东可以根据公司章程慢慢实缴出资。

公司章程可以通俗地理解为股东与公司之间对相关权利、义务的约定，类似于一份合同。公司章程对公司、股东及公司部分核心成员具有约束力。因此，如果有一天公司发生股权转让，必须修改公司章程对股东的记载，否则股权受让方无法具备股东资格。

股东向公司认缴出资是一种等价交换的关系，股东支付的出资为公司的财产；公司给予股东相应份额的股权，股东享有相应的权利和义务。

在实务中，工商登记与股东资格的取得是紧密相关的。在市场监督管理部门登记的股东是显名股东，有些投资人因为特殊原因，不能成为显名股东，可能会签订股权代持协议，委托他人作为名义股东为其代持股权，成为背后的实际控制人。显名股东行使股东权利时均须取得实际控制人的同意，实际控制人实际享受红利。

当然，这里提到的股权代持必须符合相关法律规定，自然人股东不得违反相关法律对股东身份的特定限制。例如，公务员、党政机关干部和职工、现役军人等不可以成为公司股东。

2.3.5 法人与法定代表人

在现实生活中，很多人会混淆两个概念，习惯性地称呼公司的法定代表人为“法人”，但实际上这是错误的。

法人是指法人组织，是相对于自然人的一个法律概念。法律赋予法人与自然人一样的民事权利，使其成为享有权利、负担义务的民事主体。我们可以通俗地理解为，法人就是法律虚拟的一个人。公司是一个法人组织。

法人是法律虚拟的一个人，享有权利、负担义务，但不能直接行使，因此需要一个代言人来代替其行使，即法定代表人。法定代表人是指依法代表法人行使民事权利，履行民事义务的主要负责人。例如，电商公司在生产经营中，对外需要签订采购合同，法定代表人代表公司签署合同；公司享有合同权利，有权收取采购的货物；公司负有合同义务，应当支付货款。

2.4 合同及相关常见问题

前面介绍印花税时提到了电商企业涉及的常见合同，这里进一步详细介绍有关合同的一些常见问题。

2.4.1 合同概述

合同是民事主体之间设立、变更或终止民事权利义务关系的协议。签订双方基于合同产生约定的债权债务关系。

例如，公司与供应商签订采购合同后，公司与供应商之间就产生了债权债务关系。供应商享有收取货款的权利，负有交付货物的义务；公司享有收取货物的权利，负有支付货款的义务。合同对签订双方具有约束力，可以调整合同双方的交易关系。

合同既可以是书面的，也可以是口头的，还可以是其他形式的。提起合同，很多人都会想到合同书，即以书面形式订立的合同。事实上，除了《民法典》第三编中规定的常见的合同书，信息、数据电文（包括电报、电传、传真、电子数据交换和电子邮件），都可以作为订立合同的形式。

口头合同在法律实践中可能会被要求附有相应的证据，因此最好还是以书面形式订立合同。书面形式的合同一般是纸质的，这就会涉及签名和盖章。

不过，现在各行各业都在推行无纸化办公，电子合同也应运而生。电子合同是指在网络条件下，当事人为了实现一定的目的，通过数据电文、电子邮件等形式签订的明确双方权利义务关系的一种电子协议。电子合同的整个实现过程都需要一系列的国际国内技术标准予以规范，如电子签名、电子认证等。这些标准是电子合同存在的基础，如果没有相关的技术与标准，电子合同就无法实现和存在。

2.4.2 电商企业合同的主要种类

电商企业涉及的常见合同大致可以分为买卖合同、运输合同、租赁合同、仓储合同、保管合同等。

1. 采购合同和销售合同

采购合同和销售合同都属于买卖合同。电商企业在网络交易平台上产生的销售订单，是否属于销售合同呢？

根据《电子商务法》中有关电子商务合同订立与履行的条款，电子商务经营者发布的商品或服务信息符合要约条件的，用户选择该商品或服务并提交订单成功，合同成立。也就是说，消费者支付订单价款后，即享有收取商品或接受服务的权利；商家则负有交付货物或提供服务的义务，同时享有收取货币形式或非货币形式对价的权利。

2. 运输合同

运输合同在电商行业中很常见，商家根据订单将货物交给快递公司，快递公司将货物运输至客户指定地点，商家支付运输费（快递费）。

快递公司将货物交付给收货人之前，商家可以要求快递公司终止运输、返还货物、变更到达地或将货物交给其他收货人，但应当赔偿快递公司因此产生的损失。

当然，商家要如实告知快递公司有关发出货物的必要信息，如果有禁止运输的货物，快递公司也会予以提醒。

承运人需要承担货物因不可抗力灭失的风险，即货物在运输过程中因不可抗力（如洪水、泥石流）灭失，承运人没有收取运费的，承运人不得要求托运人支付运费；已收取运费的，托运人可以要求返还。

3. 租赁合同

租赁合同是指当事双方约定，在一定期限内，一方移转租赁物于他方占有、使用或收益，他方付租金并于期限届满时返还该租赁物的合同。

电商企业在经营过程中难免会涉及租赁合同。例如，电商企业在创业初期需要寻找合适的办公室；创业初期资金不足，尚无能力采购某些办公设备，可能需要租赁办公设备。

在签订租赁合同时，需要注意以下几点。

- 租赁合同的期限由双方约定，不得超过20年，超过20年的，超过部分无效。租赁合同期满，双方可以续订。没有约定租期的，为不定期租赁，任何一方当事人可以随时解除合同，但在解除合同之前须通知对方，给其必要的准备时间。

- 租期为6个月以上的，应订立书面合同；未采用书面合同的租赁，为不定期租赁。
- 出租人负有按期交付租赁物的义务，在租赁期间须保持租赁物符合约定的用途。
- 承租人在租赁物需要维修时可以要求出租人在合理期限内维修。出租人未履行维修义务的，承租人可以自行维修，维修费用由出租人负担。

4. 仓储合同和保管合同

仓储和保管有相似之处，都是一方将货物交付给另一方，另一方负责保管。仓储合同又称仓储保管合同，属于特殊类型的保管合同。

负责仓储保管的一方，需要按照合同约定对入库仓储物进行验收，当发现入库仓储物与约定不符时，要及时通知存货人。

2.4.3 电商企业合同相关常见问题

合同管理是企业经营管理的一个重要方面。合同往往会约定双方的权利和义务，如果企业在订立合同时不够谨慎，就很可能给自己引来经济纠纷，影响正常经营。很多合同都有相应的模板，企业必须做好这些模板的审核，最好设立专门的法务部门或岗位来执行这项工作。具体来说，在合同管理方面，电商企业需要注意以下几个方面。

1. 免责条款

免责条款是指当事人事先以协议免除或限制其将来责任的合同条款。合同中的下列免责条款无效：

- 造成对方人身伤害的；
- 因故意或者重大过失造成对方财产损失的。

假设企业与供应商签订采购合同，供应商在合同中注明不对交付货物的质量问题承担责任，你说这份合同是不是无效的呢?

2. 合同的内容

合同的内容应当包括下列内容：当事人的名称或姓名和住所，标的，数量，质量，价款或报酬，履行期限、地点和方式，违约责任，解决争议的方法。

3. 无效合同

有下列情形之一的，合同无效：

- 一方以欺诈、胁迫的手段订立合同；
- 恶意串通，损害国家、集体或第三人利益；
- 以合同形式掩盖非法目的；
- 损害社会公共利益；
- 违反法律、行政法规的强制性规定。

4. 缔约过失责任

当事人在订立合同的过程中，即合同成立前，有下列情形之一并给对方造成损失的，应当承担损害赔偿责任：

- 假借订立合同，恶意进行磋商，例如，某客户与你签订货物采购合同，只为打探你的商业秘密；
- 故意隐瞒与订立合同有关的重要事实或提供虚假情况，例如，供应商提供给你的货物是通过不正当手段得来的，供应商故意隐瞒；
- 泄露或者不正当地使用在订立合同中知悉的商业秘密；
- 有其他违背诚实信用原则的行为。

5. 违约责任

合同中可以约定违约责任及其承担方式，明确违约的处理方式是继续履行合同还是赔偿损失、支付违约金。合同中可以约定违约金的赔付标准及赔付方式。

第3章

各大电商平台规则

3.1 淘宝店铺规则

在很多人眼中，淘宝就是网店的代名词。淘宝的诞生和快速发展带动了大量电商店铺及快递行业的蓬勃发展，它也是目前国内电商平台中规则比较完善的平台之一，相关规则涵盖了发票、售后服务、争议解决、知识产权、直播等方面。

3.1.1 淘宝店铺保证金规则

1. 保证金

卖家需要缴存一定的保证金，其金额主要根据卖家成交订单、商品类目、违规风险、服务开通情况等确定，具体金额以保证金管理页面提示为准。

保证金额度由基础额度、风险额度和特殊额度构成。

2. 基础额度规则

基础额度的相关规则如下。

（1）开店后无成交的，基础额度为零，卖家暂时无须缴存保证金。

（2）开店后出现首个成交日的，以当天成交额较高类目所对应的全店成交不同阶梯档位额度作为基础额度。

（3）淘宝网于每个月 6 日将店铺近 30 天成交额较高类目所对应的全店成交不同阶梯档位额度作为基础额度进行调额。若调额时保证金已欠费，则本月基础额度不低于上月基础额度；若调额时保证金未欠费，则本月基础额度不高于上月基础额度。

3.1.2 淘宝店铺发票规则

淘宝店铺关于发票的几条重要规则如下。

（1）买家购买商品后，只要订单未开具发票，无论买家何时向商家申请开票，商家都必须履行开票义务。

（2）勿在商品标题、商品详情页及实际交易行为中出现“发票加税点”“不开发票”等涉及发票的违规描述信息及行为。

（3）个人店铺可向税务局申请代开发票，具体方式可咨询当地税务局。

3.1.3 淘宝网发货规则

延迟发货、缺货、虚假发货等发货违规行为的消费者赔付标准如下。

- 延迟发货：赔付金额为实际成交金额的5%，最低不少于5元，最高不超过30元。
- 缺货、虚假发货：赔付金额为实际成交金额的30%，最低不少于5元，最高不超过100元。

3.1.4 淘宝店铺信用卡和花呗手续费规则

卖家需要支付交易金额（包括运费）的0.6%作为手续费（无上限）。手续费只对通过信用卡支付的金额收取，红包、积分（天猫）、购物券不计算手续费。买家在淘宝上以信用卡和花呗为支付方式购买商品不需要支付手续费。

0.6%是银联规定的商业性消费的手续费比例，平时大家持信用卡在商场消费，商场经营者也会按照这个比例收取手续费，上不封顶。

信用卡手续费比例不需要商家自行设置，若卖家开通了信用卡服务，则手续费由卖家承担；若卖家没有开通信用卡服务，则手续费由买家承担。

国际信用卡手续费根据收单产品协议确定，买卖双方都要支付。

订单在交易成功（确认收货）前不收取信用卡和花呗手续费，交易成功后收取信用卡和花呗手续费；若发生售后退款，手续费不退。

3.1.5 淘宝店铺主体变更规则

淘宝店铺主体变更规则及相关流程如下。

（1）申请方单击“我要过户”按钮，后台自动检测是否符合过户条件，若已满足所有条件，单击“立即进入店铺过户流程”按钮。

（2）申请方填写接收方支付宝账号，将链接发送给接收方，接收方在计算机上打开链接，登录支付宝并完成授权。

注意：需要区分支付宝账号是个人的还是企业的；下面填写的信息都是支付宝的认证信息，若不清楚，可联系支付宝客服确认。

（3）申请方进行实人认证并填写材料。当申请方为个人店铺时，可以申请“移民过户”或“死亡过户”，但须提交审核材料；注销营业执照时须提交材料并完成实人认证。

（4）申请方缴纳店铺过户技术服务费200元。若变更失败，可以重复发起，不另行收费，服务费不支持退款。

（5）接收方签署协议，绑定手机号码（用于过户完成后绑定淘宝账号）和邮箱，扫码完成认证，确认过户信息。

（6）接收方向支付宝余额充值，额度须大于等于申请方保证金额度。

（7）执行变更，一般1～2分钟执行完毕。若长时间未返回执行结果，可以单击“刷新页面”链接。

注意：若是过户给同一主体，则不需要修改密码；若是过户给其他主体，则需要及时修改密码。

3.1.6 淘宝直播规则

1.热浪引擎平台资费规则

内容推广服务方（简称“服务方”，即主播）是指在本平台接受内容推广委托，并依照内容推广委托列明的推广内容、推广要求、验收标准等完成或部分完成推广服务，经需求方验收通过后（如需要）可依据相关约定获得报酬的自然人或法人。

内容推广需求方（简称“需求方”，即商家）是指在本平台发起内容推广委托，获取由服务方提供的内容及或推广服务的自然人或法人。

（1）与结算相关的定义及公式

服务费是指服务方可获得的内容推广服务费用。

商品交易实际成交价格是指商家实际收款金额，不含阶梯返还金额、运费、店铺优惠券、单品折扣、退款、跨境综合税等项目（如有）。

服务费率是指商家自行设置的服务费比例，上限为80%（热浪引擎平台无费率最低门槛及其他要求，仅提供费率建议值供商家参考）。服务费计算公式如下：

服务费 = 基础服务费 × 平台结算比例

基础服务费 = 商品交易实际成交价格 × 服务费率

后台于每月20日左右（以最终数据计算完成日期为准）结算上个自然月交易成功订单所对应的服务费（按人民币计算，以元为单位，按第三位小数抹零原则保留两位小数）。

（2）平台结算比例

平台结算比例如表3-1所示。

表3-1 平台结算比例

身份	平台结算比例			结算说明
	热浪引擎平台	机构和主播	热浪引擎任务	
淘宝直播MCN机构型主播	30%	65%	5%	（1）机构与主播之间的结算按照双方的自主约定执行，由机构向主播支付。 （2）热浪引擎任务旨在激励机构更好地管理和服务主播。若机构完成相应任务，则可获得任务对应的管理服务费（一般为基础服务费的5%，即机构共获得基础服务费的70%）；若机构未能完成相应任务，则平台将发放相应的热浪币至机构账户，帮助机构更好地管理和孵化主播。 （3）本结算规则适用于以MCN机构角色与服务主播进行绑定的机构

（续表）

身份	平台结算比例			结算说明
	热浪引擎平台	机构和主播	热浪引擎任务	
其他淘宝直播机构型主播	35%	65%	—	机构与主播之间的结算按照双方的自主约定执行，由机构向主播支付
个人主播	40%	60%	—	—

2. 淘宝直播机构保证金规则

所有入驻淘宝直播机构后台的用户适用淘宝直播机构保证金规则。

不同角色的机构保证金金额如下：

- 商家直播服务商为 10 万元；
- 直播基地为 10 万元；
- MCN 机构为 10 万元；
- 档口直播服务商为 10 万元；
- 村播服务商为 10 万元；
- 整合营销机构为 10 万元；
- PGC 专业内容制作机构为 10 万元；
- 区域服务商为 10 万元；
- 珠宝基地为 30 万元；
- 其他角色按角色准入要求执行。

3. 淘宝直播珠宝基地商家软件服务费规则

淘宝直播珠宝基地商家软件服务费计算公式如下：

软件服务费 = 商品交易实际成交价格 × 软件服务费率

其中，商品交易实际成交价格是指商家实际收款金额，不含阶梯返还金额、运费、店铺优惠券、单品折扣、退款、跨境综合税等项目（如有）。

结算顺序：天猫软件服务年费优先于淘宝直播软件服务费结算，若商家已缴纳天猫软件服务年费，则无须再缴纳淘宝直播软件服务费。

结算时间：淘宝直播珠宝基地商家软件服务费的结算时间为订单货款结算时间，即系统将于每笔订单确认收货时自动划扣订单对应的软件服务费。

结算范围：消费者通过直播间访问商品链接，并于15天内下单且最终交易成功（确认收货状态）的订单。若消费者申请部分金额退货退款导致交易关闭，最终打款给商家的钱款仍然会进行结算。

淘宝直播珠宝基地商家软件服务费率如表3-2所示。

表3-2 淘宝直播珠宝基地商家软件服务费率

收费对象	一级类目	二级类目	软件服务费率
珠宝基地绑定商家	珠宝/钻石/翡翠/黄金	黄金首饰（新）	0.3%
		K金首饰	1.2%
		铂金/PT（新）	1.2%
		其他二级类目	3.0%
	饰品/流行首饰/时尚饰品（新）	所有类目	3.0%
	文玩/邮币/字画/收藏	手工艺/民俗	3.0%
		玉石	3.0%
	剩余全部类目	—	3.0%

3.2 天猫店铺规则

天猫的前身是淘宝商城，淘宝商城事业部于2008年从淘宝独立出来。天猫店铺均为持有商标的品牌店铺，分为旗舰店、专营店、专卖店三类。2012年，淘宝商城正式宣布更名为“天猫”，经过10多年的发展，天猫店铺的相关规则已经非常完善。

3.2.1 天猫店铺保证金规则

商家在天猫上经营必须缴存保证金，保证金主要用于保证商家按照《天猫服务协议》、天猫规则经营，以及在商家做出违规行为时根据《天猫服务协议》及相关规则向天猫及消费者支付违约金。续约商家须在当年续签要求的时间内一次性缴存次年保证金，新签商家在申请入驻审核通过后一次性缴存当年保证金。

根据店铺性质的不同，各类店铺保证金金额分别如下（详见《天猫保证金规则》）。

（1）旗舰店、专卖店：持商标注册受理通知书的店铺保证金为10万元，持注册商标的店铺保证金为5万元。

（2）专营店：持商标注册受理通知书或经营未在我国申请注册商标的特殊商品（如进口商品等）的店铺保证金为15万元，持注册商标的店铺保证金为10万元。

（3）卖场型旗舰店：店铺保证金为15万元。

3.2.2 天猫店铺软件服务年费规则

商家在天猫上经营必须缴纳软件服务年费，年费金额根据商家经营的一级类目确定，主要分为3万元和6万元两档，不同的一级类目对应的年费金额详见《天猫各类目年费软件服务费一览表》。

跨类目经营的商家按照年费标准较高的类目预缴年费，即年费金额为商家经营的不同类目对应年费金额的最高档；若在经营过程中增加年费金额较高的类目，根据实际结算结果补缴差额部分。商家应及时缴纳年费，逾期未完成年费缴纳的，天猫可对商家进行店铺监管（即无法正常交易）甚至清退。

年费折扣金额的计算公式如下：

$$\text{年费折扣金额}=\text{已缴年费}-\left[\frac{\text{销售额最高类目对应年费}}{12}\times\text{有效月份}\times(1-\text{折扣比例})\right]$$

3.2.3 天猫店铺软件服务费规则

商家在天猫上经营需要按照销售额的一定比例（大部分类目为 5%）缴纳软件服务费。当实时划扣软件服务费缴纳不足的金额大于或等于 1 万元且出现前述状态超过 90 个自然日时，天猫将对店铺进行监管，直至缴纳完毕。

天猫各类目软件服务费率标准详见《天猫各类目年费软件服务费一览表》。

3.2.4 天猫积分规则

在一笔订单实收款中，除了买家实付金额，还可能包含天猫积分类服务费金额，这是买家使用积分工具抵扣的金额（该服务由天猫提供）。

每笔订单的支付金额构成可以进入订单详情页查看，如图 3-1 所示。

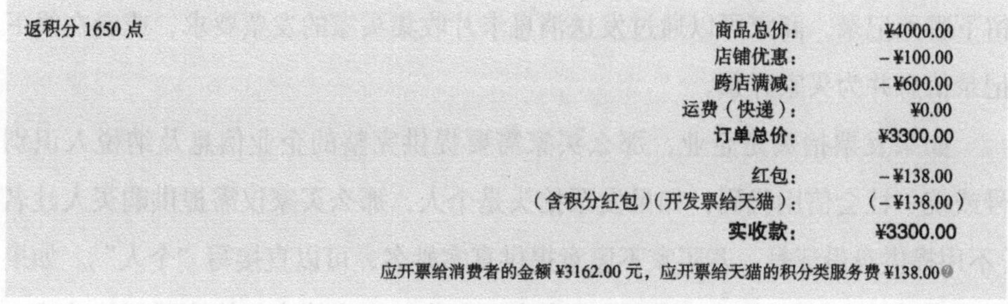

图 3-1　某订单的支付金额构成

现有一笔订单的总金额为 157.46 元，买家使用了 6.4 元的红包，红包中含有需要给天猫开票的积分红包 5.92 元。交易成功后，商家实际收到的金额是 157.46 元，其中包括：

- 买家实际支付金额 151.03 元；
- 现金红包金额（需开票给消费者）0.4 元；
- 普通红包金额（无需开票）0.11 元；
- 积分红包金额（需开票给平台）5.92 元。

商家应给天猫开票的积分类服务费金额等于积分红包金额，即 5.92 元。

每年 5 月 31 日前，商家仍未能向天猫足额、准确开具上年度天猫积分类服务费发票的，根据《天猫服务协议》，天猫有权指令支付宝公司从商户保证金中划扣相当于上年度未开票金额的 30% 作为违约金，同时天猫保留追究历史欠缴发票的权利。

商家为天猫开具的发票既可以是销售发票，也可以是服务发票。若开具销售发票，发票内容应为商家销售的产品，金额准确即可，数量无要求；若开具服务发票，发票内容应为现代服务项目。

3.2.5 天猫店铺发票规则

对于每一笔订单，商家都要履行开具发票的义务。

如果是历史订单，买家无法线上申请发票。买家和商家可以通过旺旺沟通留下聊天记录，商家可以通过发送消息卡片收集买家的发票要求，或者在线下记录信息并为买家开票。

如果发票抬头是企业，那么买家需要提供完整的企业信息及纳税人识别号或统一社会信用代码；如果发票抬头是个人，那么买家仅需提供购买人姓名（不用提供身份证号，若买家不愿意提供真实姓名，可以直接写“个人”）。如果买家提供的发票抬头无实际含义，商家可以先与买家协商，协商后无法达成一致的，商家可向地方主管税务机关通报该信息，根据税务机关的建议开具发票。

根据《中华人民共和国增值税暂行条例》第二十一条的规定，增值税专用发票不得向消费者个人开具，只能开具给企业。因此，买家必须提供完整的企业名称、纳税人识别号或统一社会信用代码、地址、电话、开户行及账号信息，方可申请开具增值税专用发票。

企业内部工会一般在总工会登记，不在市场监督管理局登记，因此没有税号。因此，当发票抬头是工会时，抬头类型应选择“个人或事业单位”，不应选择“企业”，商家须取消抬头为工会时的税号校验逻辑。

开具发票的主体应该是实际与买家产生交易行为的公司。如果销售商品的是 A 公司，但买家收到的发票的开具方为 B 公司，那么这属于违背承诺行为，但 B 公司与 A 公司是总公司与分公司的关系、B 公司是 O2O 模式下的提货门店、B 公司是 A 公司在天猫供销平台代销模式下的供应商等情况除外。

3.2.6 天猫店铺主体变更规则

天猫店铺主体变更相关规则如下。

（1）符合以下任一条件的旗舰店可以申请主体变更：

- 现主体和新主体的控股股东或实际控制人相同且控制关系存续 6 个月及以上；
- 新主体是品牌商体系内公司且商标近 6 个月内未转让。

（2）符合以下条件的专卖店可以申请主体变更：现主体和新主体的控股股东或实际控制人相同且控制关系存续 6 个月及以上。

（3）申请变更的天猫店铺状态正常、可访问。

（4）申请变更的店铺入驻天猫须满一年。若现主体为品牌代理商，新主体为品牌商体系内公司且商标近 6 个月内未转让，则不受该限制（仅限旗舰店）。

（5）同一店铺近 365 天内仅能变更一次。

3.3 拼多多平台规则

拼多多成立于 2015 年，初期的发展思路与早期的淘宝相似，面向的主要用户为三线及以下城市的消费者。拼多多发展速度很快，很多规则还有待完善。

3.3.1 拼多多店铺保证金规则

商家应当缴存 1000 元基础店铺保证金，在商家缴存足额的店铺保证金以前，其店铺将受到限制。店铺发布特定商品的，除缴存基础店铺保证金外，还应缴存特殊店铺保证金（按类目的不同，金额从 5000 元到 50 000 元不等）。

平台有权每月根据店铺上个自然月的成交金额，按照表 3-3 所示标准对其基础店铺保证金进行调整。若店铺账户内的基础店铺保证金余额高于其上个自然月成交金额所对应的基础店铺保证金标准，则基础店铺保证金不予调整。

表 3-3　基础店铺保证金标准

单位：元

上个自然月成交金额（x）	基础店铺保证金标准
$x > 500\,000$	10 000
$100\,000 < x \leqslant 500\,000$	5000
$50\,000 < x \leqslant 100\,000$	2000

3.3.2　拼多多店铺技术服务费规则

基础技术服务费收费标准如下。

- 先用后付订单：每笔订单按（消费者应付金额 + 平台优惠券金额）×1% 收费。
- 其他订单：每笔订单按（消费者实付金额 + 平台优惠券金额）×0.6% 收费。

3.3.3　拼多多店铺延迟发货规则

商家未在发货时限内完成发货，即商家未在发货时限内上传已成交订单所对应的真实物流单号至拼多多后台，该订单将被自动标识为延迟发货订单。

延迟发货赔付标准如表 3-4 所示。

表 3-4　延迟发货赔付标准

单位：元

延迟发货订单实收金额（x）	赔付标准（每单）
$0 \leqslant x < 300$	3
$x \geqslant 300$	$x \times 1\%$（最高不超过 30）
备注：若有小数，则取整数部分，例如，假设订单实收金额为 420 元，420×1%=4.2，那么赔付金额为 4 元。	

3.3.4 拼多多店铺信用卡和花呗手续费规则

消费者通过微信或支付宝等第三方平台以信用卡的方式支付，平台会代第三方支付平台收取6‰的手续费。

花呗分期支付仅指消费者在拼多多App中使用花呗分期支付，在支付宝中使用花呗支付会被判定为支付宝支付。消费者在拼多多App中使用花呗分期支付时，若商家设置手续费由商家承担，则平台向商家收取手续费；若商家设置手续费由消费者承担，则平台向消费者收取手续费。

3.3.5 拼多多店铺发票规则

默认的发票形式为增值税电子发票，若消费者要求开具其他形式的发票，则商家应按照消费者要求开具相应的发票。商家开具发票并向拼多多平台回传有效发票信息方被视为完成开票，开票时间以回传有效发票信息时间为准。

开具发票是相关法律法规的要求，商家有义务为消费者免费开具发票，发票开具主体须与店铺资质信息中的主体保持一致。

在已经给消费者开具电子发票，但消费者坚持索要纸质发票的情况下，商家可对已开具的电子发票冲红，然后重新为消费者开具纸质发票。

企业店铺可以向当地税务机关申请领购发票，个人店铺可以向当地税务机关申请代开发票，具体开票流程可咨询当地税务机关。

拼多多批发暂不支持线上开具发票，商家可自行在线下为批发方开具发票。

3.4 京东平台规则

京东是国内非常知名的电商平台，其业务主要包括自营业务和POP业务（POP是Platform Open Plan的简称，即“平台开放计划”，POP店铺俗称“第三方店铺”）两个部分。

3.4.1 京东店铺保证金规则

1. POP 店铺保证金规则

POP 店铺保证金相关规则如下。

（1）不同经营类目对应的保证金不同，常规类目为 3 万元，其他类目为 1 万元到 10 万元不等（详见《京东开放平台类目资费规则》）。

（2）跨类目保证金遵循就高原则，保证金按保证金金额最高的类目缴纳；经营过程中增加的类目对应的保证金与原有保证金不一致的，商家须补交差额部分。

（3）保证金不足额时，商家须在出现该情况后 5 个自然日内补缴足额的保证金。京东可向商家发出补缴通知，若商家未在规定期限内足额补缴保证金，则京东开放平台有权对其店铺进行监管或终止提供服务。

2. 自营店铺保证金规则

京东自营店铺常规保证金为 50 000 元，不同的类目有不同的标准，具体以对接“小二”的说明为准。

3. 京喜业务保证金规则

京喜业务保证金相关规则如下。

（1）店铺保证金。拼购个人店铺的保证金为 1000 元，个体工商户店铺和拼购企业店铺的保证金根据类目确定，从 4000 元到 10 万元不等（详见《京喜平台拼购店铺资费一览表》）。

（2）浮动保证金。平台有权每月根据店铺自然月的销售情况及信用情况对浮动保证金进行调整。若店铺账户内的浮动保证金余额大于或等于调整标准，则浮动保证金不予调整（2 万元封顶）。

3.4.2 京东 POP 店铺平台使用费规则

POP 店铺的平台使用费是商家依照与京东签署的相关协议，使用京东开放平台各项服务所应缴纳的固定技术服务费用。续签商家续展服务期间的平台使用费须在每年 3 月 20 日 18 时前一次性缴纳；新签商家须在申请入驻获得批准时一次性缴纳相应服务期间的平台使用费。

不同类目的平台使用费有所不同，常规类目为每年1万元，部分类目为每年0元到10万元不等（详见《京东开放平台类目资费规则》）。

3.4.3 京东平台技术服务费规则

1. POP店铺技术服务费规则

POP店铺技术服务费是商家根据经营类目在达成每一单交易时按比例向京东缴纳的费用。SOP模式（从销售、仓储、打包、发货到开票均由商家负责）和FBP模式（销售由卖家负责，仓储、物流配送等供应链服务及开票由京东负责）下的常规类目费率为8%，部分类目费率为0~10%，家电类目另有0.5%~1%的广告促销费、2%~4%的返利框架费（详见《京东开放平台类目资费规则》）。

2. 自营店铺技术服务费规则

自营店铺技术服务费相关规则如下。

（1）供应商即商家向京东供货无技术服务费，具体以对接“小二”的说明为准。

（2）FCS模式（一种较新的自营模式，售后服务由供应商提供）下的常规类目费率为8%，部分类目费率为0~10%，具体以对接“小二”的说明为准。

3. 京喜拼购店铺业务费率规则

常规类目的拼购店铺业务费率为5%，部分类目为2%~6%（详见《京喜平台拼购店铺资费规则》）。

3.4.4 京东白条服务和信用卡服务收费规则

1. 京东白条

白条分期服务费的计算公式如下：

白条分期服务费＝消费本金 × 分期服务费率（月）

白条分期服务费率如表 3-5 所示，每期服务费与当期本金一同收取。

表 3-5　白条分期服务费率

分期期数（月）	分期服务费率（月）	违约金比例（日）
3 期、6 期、12 期、24 期	0.5% ~ 1.2%	0.05% 起

2. 白条分期免息服务费规则

白条分期免息服务费相关规则如下。

（1）若商家开展白条分期免息活动，则相关服务费由商家承担，服务费标准及缴费方式可在报名参加活动时查看或咨询。

（2）若商家未设置白条免息活动，而消费者使用白条分期，则相关服务费由消费者自行承担。

（3）支付有礼、支付立减费用由京东承担。

3. 信用卡手续费规则

京东支持消费者使用信用卡支付，该功能无须开通或设置。若消费者使用信用卡支付，则京东将与商家一次性结算订单金额，商家不承担手续费。

若消费者向商家咨询信用卡支付手续费，商家可建议消费者咨询发卡银行。

3.4.5　京东开放平台发票规则

商家应根据发票抬头、实付金额等信息为消费者开具真实发票。若消费者要求开具与实物不一致的商品明细发票，则商家有权拒绝，并应按照订单实际消费商品开具发票。

若京东发现商家存在开具假发票行为，则京东有权按照平台规则对商家进行处理，同时商家须承担违约责任；若商家违规情节非常严重或造成重大影响，则京东有权根据实际情况，对商家采取必要的措施并交由相关行政或司法机关处理。

若消费者在下单环节线上申请发票，则商家应该在交易成功（指订单状态显示“交易成功”，在使用第三方物流的情况下，物流状态显示“已签收”即视为交易成功）后的10天内完成开票。提供电子发票的商家应在交易成功后10天内完成线上回传，提供纸质发票的商家应在交易成功后10天内寄出纸质发票并线上填写发票信息及发货单号，商家寄出发票时间以商家录入快递单号的时间为准。

交易成功后，若消费者通过京东“发票服务”提出发票申请，则商家需在申请之日起10天内完成电子发票线上回传，或者寄出纸质发票并线上填写发票信息及发货单号，商家寄出发票时间以商家录入快递单号的时间为准。

订单显示的商品或服务与买卖双方约定的实际交易商品或服务不一致，导致交易事实无法查清的，京东有权不予受理。例如，假设订单显示交易商品为A，但实际上双方另行约定交易商品为B，那么京东将会判定交易事实无法查清。

3.5 抖音平台规则

抖音的电商业务起步时间相对较晚，但发展速度非常快，毕竟抖音App有超高的人气。目前，抖音平台关于抖音小店（以下简称“抖店”）及电商业务的规则已经比较完善，越来越多的商家和达人选择入驻抖音。

3.5.1 抖店基础保证金规则

基础保证金是指商家向平台缴存，用于保证平台规则和平台协议的履行及担保商品与服务质量的款项。

不同店铺的基础保证金标准如下：个人店铺常规类目为500元，部分类目为5万元到10万元不等；个体工商户店铺常规类目为2000元，部分类目为5000元到2万元不等；企业店铺常规类目为4000元，部分类目为2000元到30万元不等（详见《基础保证金标准》）。

若商家新增经营类目，平台将根据新类目调整商家基础保证金应缴金额。

平台有权根据经营类目或平台运营情况调整各类目保证金缴纳标准。

3.5.2 抖店浮动保证金规则

浮动保证金金额由店铺近30日在线支付订单的销售额决定。平台以自然日为单位，每月1日根据店铺过去一个月的支付订单成交金额计算浮动保证金应缴金额并向额度提升的商家发送通知，每月8日按照表3-6所示标准调整应缴保证金金额。

表3-6 浮动保证金标准

过去30日在线支付订单成交金额（x）	浮动保证金（元）
$x > 500\,000$	20 000
$100\,000 < x \leqslant 500\,000$	5000
$50\,000 < x \leqslant 100\,000$	3000
$x \leqslant 50\,000$	0

3.5.3 抖店技术服务费规则

技术服务费以消费者实付金额（含运费）+主播优惠券或红包金额+平台优惠券（商家出资让利部分金额不计入结算基数）或红包金额+支付补贴为结算基数（商家券金额不计入结算基数），不同类目商品的技术服务费率不同，常规类目为5%，部分类目为0.6%～10%（详见《技术服务费管理规范》）。

技术服务费从商家货款金额中扣除。若是通过精选联盟渠道产生的订单，商家还需支付达人推广费或团长服务费。

3.5.4 抖客直播间推广规则

1. 抖客直播间推广

抖客直播间推广分为以下两种情况。

（1）直推：用户通过抖客分享的推广渠道进入其直接推广的抖音电商直播间，并在该达人当前直播间直播过程中下单成功的推广场景。

（2）跨播：用户通过抖客分享的推广渠道，进入抖音 App 后 24 小时内自主访问非抖客直接推广的直播间或通过端内关播 H5 页面推荐分销直播间，并在直播中成功下单的推广场景（上述两种场景中的直播间需开通抖客直播间推广功能）。

直播间推广商品分为两类，分别是直播间非自卖商品和直播间自卖商品。

2. 推广费计算公式及相关定义

当推广直播间非自卖商品成交时，推广费的计算公式如下：

推广费 =（达人佣金 – 达人技术服务费）× 分成比例

当推广直播间自卖商品成交时，推广费的计算公式如下：

推广费 = 结算基数 × 推广费率

（1）达人佣金和达人技术服务费

达人佣金是指商家的商品通过精选联盟平台的推广者成交后，商家针对每笔订单向推广者支付的一定比例的推广费。

达人技术服务费是指达人通过平台与商家达成推广合作，商家向达人支付推广费时，达人向平台支付的技术服务费。达人技术服务费 = 达人佣金 × 10%（详见《精选联盟推广费 / 服务费结算规则》）。

（2）分成比例和推广费率

分成比例是指机构或达人对非自卖商品设置的直播间商品佣金分成比例。机构或达人可自主设置新老客的分成比例。若机构或达人未对老客设置分成比例，则默认使用新客分成比例。

推广费率是指商家对直播间自卖商品设置的直播间商品佣金费率。商家可自主设置新老客的推广费率，若商家未对老客设置推广费率，则默认使用新客推广费率。

直播间老客是指在抖客推广直播间之前一定时间内关注该直播间的用户，包含一定时间内关注后又取关的用户。

（3）结算基数

当推广商品为抖店平台商品时，结算基数 = 消费者实付金额（含运费）+ 主播优惠券或红包金额 + 平台优惠券（商家出资让利部分金额不计入结算基数）或红包金额 + 支付补贴金额 – 运费金额。

当推广商品为全球购平台商品时，结算基数=消费者实付金额（含运费）+ 主播优惠券或红包金额 – 运费金额 – 税费金额。

3.5.5 精选联盟推广费和服务费规则

1. 精选联盟站内推广

精选联盟站内推广是指推广者在抖音、抖音火山版、西瓜视频、今日头条、皮皮虾等平台关联公司运营的 App 内向前述 App 用户推广商品，用户在前述 App 中直接购买商品的情形。

商家的商品通过精选联盟平台的推广者成交的，商家应针对每笔订单向推广者支付一定比例的推广费。商家参与团长（机构的一种）招商活动成交的订单，除需要向推广者支付推广费外，还需要向团长支付相应的服务费。

推广费的计算公式如下：

推广费 = 结算基数 × 费率

其中，结算基数 = 实付金额 + 主播券金额 + 平台券金额 + 支付通道补贴 – 运费金额，费率由商家在后台自行设置。

推广者通过平台与商家达成推广合作，商家向推广者支付推广费时，推广者需要向平台支付技术服务费，技术服务费 = 推广费 ×10%。

团长服务费的计算公式如下：

团长服务费 = 结算基数 × 费率

其中，结算基数 = 实付金额 + 主播券金额 + 平台券金额 + 支付通道补贴 – 运费金额，费率由商家在后台自行设置。

团长通过平台与商家达成合作，团长向商家收取团长服务费时，团长需要向平台支付技术服务费，技术服务费 = 服务费 ×10%（详见《精选联盟推广费 / 服务费结算规则》）。

2. 精选联盟站外推广

精选联盟站外推广是指推广者在抖音 App 外进行商品推广，用户因推广者推广进入抖音 App 并完成商品购买的情形。

商家商品通过精选联盟平台的推广者成交的，商家应针对每笔订单向推广者支付一定比例的推广费。商家参与团长招商活动成交的订单，除需要向推广者支付推广费外，还需要向团长支付相应的服务费。

推广费的计算公式如下：

推广费 = 结算基数 × 费率

其中，结算基数 = 实付金额 + 主播券金额 + 平台券金额 + 支付通道补贴 − 运费金额，费率由商家在后台自行设置。

推广者通过平台与商家达成推广合作，商家向推广者支付推广费时，推广者需要向平台支付技术服务费，技术服务费 = 推广费 ×10%。

3.5.6 抖店对消费者的开票规则

商家应根据消费者申请开具发票时填写的发票信息（如类型、抬头等）开具发票，如有疑问，可联系消费者进行确认，以免后期产生不必要的纠纷（若商家在商品页面承诺了开票时间或与消费者另行约定了开票时间，商家应在承诺时间或约定时间将发票寄出）。发票金额应为消费者实付金额，不含折扣优惠金额。

若消费者要求开具与实物不一致的商品明细发票，则商家有权拒绝，并应按照订单实际消费商品开具发票。

若消费者要求商家开具商品配送费发票，则商家应结合商品属性及配送费实际金额配合开具发票。若消费者在取得发票后申请退款，则消费者应将发票退回给商家；若消费者未将发票退回或发票丢失，则商家处理退款时可按照实际情况要求消费者承担相应的发票税款。

若销售商品的商家对应的主体为A公司，但消费者收到的发票显示开票方为B公司，则这种行为将被判定为未履行开票义务，平台有权按照《商家违规行为管理总则》中的“违背服务承诺”相关条款对商家进行处理（B公司与A公司为总、分公司等情况除外）。

3.5.7 抖店对平台的开票规则

平台、抖音支付补贴承担方或抖音月付（原DOU分期）补贴承担方会不定期组织各类活动，若商家符合要求并实际参与抖音支付或抖音月付立减活动，则商家应就取得的平台推广服务费、抖音支付推广服务费和抖音月付推广服务费，向平台、抖音支付补贴承担方或抖音月付补贴承担方开具增值税发票。

若商家未按相关协议及规则向平台、抖音支付补贴承担方或抖音月付补贴承担方开具增值税发票，平台、抖音支付补贴承担方或抖音月付补贴承担方有权拒绝支付推广服务费，同时有权冻结商家未开发票面额30%的货款；若平台、抖音支付补贴承担方或抖音月付补贴承担方在未收到商家提供的等额有效增值税发票前，已向商家支付推广服务费，商家应在收到通知后尽快提供等额有效增值税发票。

商家应在提交退店申请后30天内开具未开发票，商家提交退店申请后30天仍有未开发票的，平台、抖音支付补贴承担方或抖音月付补贴承担方有权从商家货款及保证金账户中划扣拖欠发票面额30%的金额作为违约金，违约金划扣完成后退店流程继续执行。

商家当年的欠票到次年5月31日仍未开具的，平台、抖音支付补贴承担方或抖音月付补贴承担方有权从商家货款及保证金账户中划扣拖欠发票面额30%的金额作为违约金。

3.6 快手平台规则

快手于 2018 年推出快手小店，早于抖音小店，但目前快手的流量不如抖音，快手小店相关规则仍有待完善。

3.6.1 快手小店保证金规则

店铺保证金是指在快手小店直接开通店铺、售卖商品的商户按照平台相关规则缴纳的保证金。

店铺保证金缴纳金额及缴纳方式以商户后台页面提示为准。商户根据经营方式、开通类目、开通服务等缴纳店铺保证金，金额无最高限制，最低缴纳标准为 500 元。

店铺发布特殊类目商品，除缴纳店铺保证金外，还应缴纳特殊类目店铺保证金；跨类目经营的店铺，保证金按照就高原则收取；如经营过程中新增类目保证金标准高于店铺当前保证金余额，商户须补足差额后才能成功地新增类目（详见《快手小店资费一览表》）。

平台有权每月根据店铺历史销售情况调整店铺保证金。店铺保证金标准如表 3-7 所示。

表 3-7 店铺保证金标准

单位：元

上个自然月销售额（x）	保证金标准
$x > 500\,000$	30 000
$100\,000 < x \leqslant 500\,000$	5000
$50\,000 < x \leqslant 100\,000$	3000

例如，若某店铺（未开通其他服务和特殊类目）上个自然月销售额为 55 000 元，则本月店铺保证金由 1000 元调整为 3000 元，该店铺需要补缴 2000 元保证金。

3.6.2 快手小店推广保证金规则

推广保证金是指通过快手小店功能推广售卖其他平台商品的商户，按照相关规则达到缴费条件时需缴纳的保证金。

开通快手小店其他平台商品功能的商户，推广保证金最低缴纳标准为500元。

店铺发布特殊类目商品，除缴纳推广保证金外，还应缴纳特殊类目推广保证金；跨类目经营的店铺，保证金按照就高原则收取；如经营过程中新增类目保证金标准高于店铺当前保证金余额，商户须补足差额后才能成功地新增类目。

平台有权每月根据店铺历史销售情况调整推广保证金。推广保证金标准如表3-8所示。

表3-8 推广保证金标准

单位：元

店铺销售额（x）	保证金标准
$x > 500\,000$	30 000
$100\,000 < x \leqslant 500\,000$	5000
$50\,000 < x \leqslant 100\,000$	3000

3.6.3 商品佣金和技术服务费规则

快手电商商品按所属类目正常上架即可，无须设置佣金。

技术服务费以快手电商平台订单下单时的技术服务费标准为准，以订单完成为结算依据。商家可申请开具技术服务费发票，平台以到付方式寄送发票。

注意：若订单结算时使用了平台优惠补贴，包括但不限于优惠券、快米等，商家应向平台开具相应金额的发票。

技术服务费的计算公式如下：

技术服务费＝订单支付货款 × 技术服务费率

技术服务费收费标准详见《快手小店资费一览表》。

例如，A 为食品类商品，订单支付货款为 100 元，技术服务费率为 2%，技术服务费 =100 × 2%=2（元）。

营销推广商品佣金设置须符合第三方合作平台及快手小店规则（见表 3-9），佣金低于标准的商品无法添加成功。

表 3-9　营销推广商品佣金设置

第三方商品渠道	添加商品佣金设置要求	技术服务费收费标准
淘宝联盟	佣金比例≥ 10%；商品在淘宝联盟内容库中	以快手平台与第三方平台的协议为准
有赞	佣金比例≥ 10%；普通商品需要有赞商家在有赞平台进行授权	
拼多多	佣金比例≥ 10%	
魔筷星选	需要魔筷商户在魔筷平台进行授权	
京东	佣金比例≥ 10%（部分自营商品除外）	

3.6.4　快手小店发票规则

商家开具发票时应按照消费者实际支付的货款金额及消费者申请开具发票时填写的发票内容（包括抬头、金额、数量等）开具发票，如有疑问，可联系消费者进行确认，以免后期产生不必要的纠纷。

若商家在交易过程中向消费者提供了发票，但后期消费者申请了退货退款，则消费者应将发票一并退回。若消费者未将发票退回或发票丢失，商家处理退款时可按照实际情况要求消费者承担相应的发票税款。

若商品页面承诺了开票时间或商家与消费者另行约定了开票时间，则商家应在承诺时间或约定时间将发票寄出。若商家承诺开具发票，但因商家原因导致消费者未收到发票，则消费者可选择退货退款，来回运费由商家承担。

若消费者表示发票开具错误，则消费者须提供商家错开发票的证明；若商家有异议，可举证证明所开发票无问题，并应在平台介入后 24 小时内进行举证或回复有效信息。

第 4 章

电商会计基础知识

4.1 会计基础知识

电商企业的财务人员应该对会计的基础知识非常熟悉，下面仅简要介绍会计的概念和基本职能、会计基础、会计数字书写、会计的六大要素和恒等式等内容。

4.1.1 会计的概念

会计就是以货币为主要计量单位，运用专门的方法和程序，对企业的生产经营活动进行系统的核算和监督。会计以提供企业的经济信息和反映企业管理层受托责任的履行情况为目的，是企业的经济活动的一项管理工作。

会计的主要工作内容有三项，即记账、算账和报账。记账是把企业发生的每一笔经济业务都用会计的方法记录下来；算账是在记账的基础上计算企业的经营状况与盈利成果；报账是在记账和算账的基础上，向主管税务机关等有关部门通报企业的经营情况。会计的三项主要工作内容是循序渐进的。

4.1.2 会计的基本职能

会计的基本职能有两个，即核算职能和监督职能。核算职能是指核算企业日常经济活动的事项，监督职能是指监督这些经济活动的合理性。

1. 核算职能

核算就是对企业的经济活动进行确认、计量和报告，主要以货币为计量单位。

核算的主要内容是根据会计六要素（详细介绍见后文）来分类的，包括以下几个方面：

- 款项和有价证券的收付；
- 财产的收发、增减和使用；
- 债权的发生和结算；
- 债务的发生和结算；
- 资本、基金的增减；
- 收入、支出、费用、成本的计算；
- 财务成果的计算和处理。

2. 监督职能

会计需要对企业的经济活动和核算内容的真实性、合法性和合理性进行监督，一般可分为事前、事中和事后监督。

4.1.3 会计基础

会计基础是会计确认、计量和报告的基础，是确认企业在一定会计期间的收入和费用，进而确认企业经营成果的标准。

会计基础可以分为两种，下面逐一介绍。

（1）权责发生制

权责发生制以企业实际发生收入和费用的时间作为当期确认收入和费用的标准。也就是说，当期卖出货物所产生的收入，无论是否收到款项，都应确认为当期收入；如果不属于当期收入，即便收到款项，也不应确认为当期收入。例如，某店铺于9月在线下与买方签订合同，向其销售了一批货物，货款为50 000元。买方于10月支付货款，因此50 000元应该作为9月的销售收入并进行申报。

根据《企业会计准则》，企业应当以权责发生制为基础对经济业务进行确认、计量和报告。

（2）收付实现制

收付实现制以实际收到或支付现金的时间作为确认收入和费用的标准。也就是说，当期发生的现金收支不需要考虑实际经济业务是否发生，直接按照现金收到或支出的时间来确认收入和费用。例如，某店铺于9月在线下与买方签订合同，向其销售了一批货物，货款为50 000元。买方于10月支付货款，那么50 000元应该作为10月份的销售收入并进行申报。

根据《政府会计准则》，行政事业单位会计由预算会计和财务会计构成。预算会计实行收付实现制，国务院另有规定的，依照其规定。财务会计实行权责发生制。

4.1.4 会计数字书写

1. 数字书写

根据财政部制定和修订的《会计基础工作规范》，填制会计凭证，字迹必须清晰、工整，并符合下列要求。

（1）阿拉伯数字应当一个一个地写，不得连笔写。阿拉伯金额数字前面应当书写货币币种符号或者货币名称简写和币种符号。币种符号与阿拉伯金额数字之间不得留有空白。凡阿拉伯数字前写有币种符号的，数字后面不再写货币单位。

（2）所有以元为单位（其他货币种类为货币基本单位，下同）的阿拉伯数字，除表示单价等情况外，一律填写到角分；无角分的，角位和分位可写“0 0”，或者符号“——”；有角无分的，分位应当写“0”，不得用符号“——”代替。

（3）汉字大写数字金额如零、壹、贰、叁、肆、伍、陆、柒、捌、玖、拾、佰、仟、万、亿等，一律用正楷或者行书体书写，不得用〇、一、二、三、四、五、六、七、八、九、十等简化字代替，不得任意自造简化字。大写金额数字到元或者角为止的，在“元”或者“角”字之后应当写“整”字或者“正”字；大写金额数字有分的，“分”字后面不写“整”或者“正”字。

（4）大写金额数字前未印有货币名称的，应当加填货币名称，货币名称与金额数字之间不得留有空白。

（5）阿拉伯金额数字中间有“0”时，汉字大写金额要写“零”字；阿拉伯数字金额中间连续有几个“0”时，汉字大写金额中可以只写一个“零”字；阿拉伯金额数字元位是“0”，或者数字中间连续有几个“0”、元位也是“0”但角位不是“0”时，汉字大写金额可以只写一个“零”字，也可以不写“零”字。

2. 注意事项

（1）倾斜度。向右倾斜30～45度。

（2）高度。数字的高度一般占表格的二分之一到三分之二。写0和8时不能有缺口；写4时两竖要保持平行；6要比其他数字稍微高一些，但不超出表格；7和9要比其他数字低一些，下半部分占据下一行的上半格。

4.1.5 会计六要素

企业应当按照交易或事项的经济特征确定会计要素。会计六要素是指资产、负债、所有者权益、收入、费用和利润。资产、负债和所有者权益这三个要素可以反映企业的财务状况，而收入、费用和利润这三个要素可以反映企业的经营成果。

会计要素应当按照交易或事项的经济特征进行分类，如图4-1所示。

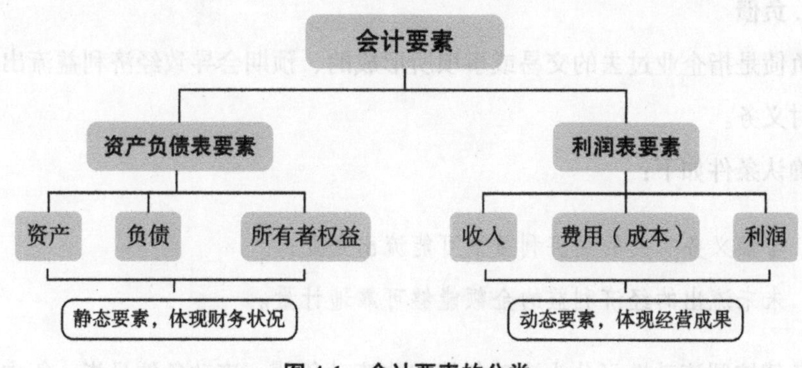

图4-1 会计要素的分类

1. 资产

资产是指企业过去的交易或事项所形成的、由企业拥有或控制的、预期会给企业带来经济利益的资源。

确认条件如下：

- 与该资源有关的经济利益很可能流入企业；
- 该资源的成本或价值能够可靠地计量。

资产按照流动性可分为流动资产和非流动资产。流动资产一般是在一年或超过一年的一个营业周期内能够快速变现的资产。非流动资产一般是不能在一年或超过一年的一个营业周期内变现的资产，因此，非流动资产的周转速度通常比较慢，变现能力也比流动资产弱。

资产的分类如表 4-1 所示。

表 4-1　资产的分类

分类	内容	例子
流动资产	库存现金、银行存款、其他货币资金、交易性金融资产、应收票据、应收账款、其他应收款、存货等	电商企业持有的现金、银行存款、其他货币资金（支付宝）
非流动资产	固定资产、在建工程、工程物资、无形资产、长期股权投资、投资性房地产、商誉等	电商企业持有的商标权，购买的计算机、打印机等价值较高的物品

2. 负债

负债是指企业过去的交易或事项所形成的、预期会导致经济利益流出企业的现时义务。

确认条件如下：

- 与该义务有关的经济利益很可能流出企业；
- 未来流出的经济利益的金额能够可靠地计量。

负债按照流动性可分为流动负债和非流动负债。流动负债是指一年内或超过一年的一个营业周期内能够偿还的债务。非流动负债是指偿还期限在一年以上或超过一年的一个正常营业周期以上的各种负债。负债的分类如表 4-2 所示。

表 4-2　负债的分类

分类	内容	例子
流动负债	短期借款、应付票据、应付账款、应付职工薪酬、应交税费、其他应付款等	电商企业的订单贷、应支付给供应商的货款、员工的工资、税款、与股东的往来款等
非流动负债	长期借款、应付债券、长期应付款等	电商企业偿还期限超过一年的借款、应付融资租入的固定资产的租赁费

3. 所有者权益

所有者权益是指企业资产扣除负债后由所有者享有的剩余权益，也被称为股东权益。

所有者权益是一种剩余权益，其金额主要取决于资产和负债的计量。

所有者权益的来源包括所有者投入的资本、直接计入所有者权益的利得和损失、留存收益等。

4. 收入

收入是指企业日常活动中所形成的、会导致所有者权益增加的、与所有者投入资本无关的经济利益的总流入。

确认条件如下：

- 合同各方已批准该合同并承诺将履行各自义务；
- 该合同明确了合同各方与所转让商品或提供劳务（以下简称“转让商品”）相关的权利和义务；
- 该合同有明确的与所转让商品相关的支付条款；
- 该合同具有商业实质，即履行该合同将改变企业未来现金流量的风险、时间分布或金额；
- 企业因向客户转让商品而有权取得的对价很可能收回。

5. 费用

费用是指企业日常活动中发生的、会导致所有者权益减少的、与向所有者分配利润无关的经济利益的总流出。

确认条件如下：

- 该费用的经济利益很可能流出企业；
- 经济利益流出会导致资产减少或负债增加；
- 流出的经济利益能够可靠地计量。

6. 利润

利润是指企业在一定会计期间的经营成果。利润包括收入减去费用后的净额、直接计入当期利润的利得和损失等。

利润金额取决于收入和费用、直接计入当期利润的利得、损失金额的计量。

4.1.6 会计要素恒等式

会计要素恒等式可分为两类，一类是财务状况等式，用于表示企业在某一时点资产、负债、所有者权益三要素的情况；另一类是经营成果等式，用于表示企业在某一时间段企业经营成果的情况。

（1）财务状况恒等式

财务状况恒等式如下：

资产 = 负债 + 所有者权益

（2）经营成果恒等式

经营成果恒等式如下：

收入 – 费用 = 利润

会计要素分类与恒等式的关系如图 4-2 所示。

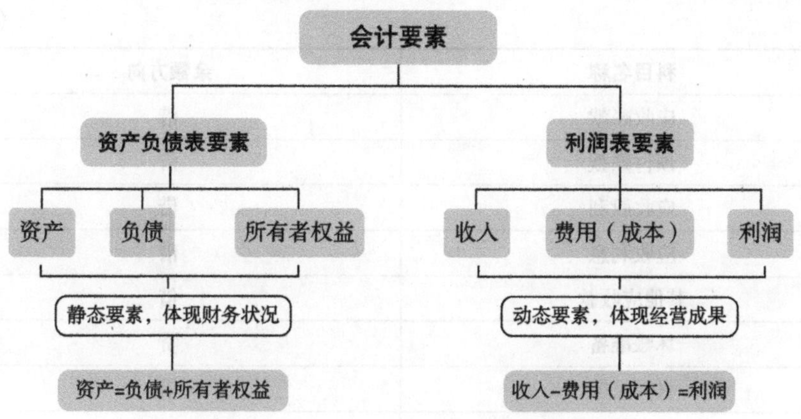

图4-2 会计要素分类与恒等式的关系

4.2 会计科目

会计科目是对会计要素具体内容的进一步分类。按照会计核算的经济内容，会计科目可分为六类，包括资产类科目、负债类科目、权益类科目、共同类科目、成本类科目和损益类科目。

4.2.1 资产类科目

资产类科目是对资产要素的具体内容进一步分类核算的科目，按照资产类科目的流动性可分为流动资产科目和非流动资产科目，如表4-3所示。

表4-3 资产类科目

科目名称	余额方向
库存现金	借
银行存款	借
其他货币资金	借
存出保证金	借
交易性金融资产	借
应收票据	借

（续表）

科目名称	余额方向
应收账款	借
预付账款	借
应收股利	借
应收利息	借
其他应收款	借
坏账准备	贷
材料采购	借
在途物资	借
原材料	借
库存商品	借
发出商品	借
委托加工物资	借
存货跌价准备	贷
固定资产	借
累计折旧	贷
固定资产减值准备	贷
无形资产	借
累计摊销	贷
无形资产减值准备	贷

1. 库存现金

企业应当指定相关人员定期或不定期对库存现金进行现场盘查，对盘查结果编制相关的现金盘点报告单，不管是现金的溢余或短缺，都先计入“待处理财产损溢”科目。

现金短缺时的会计分录如下。

借：待处理财产损溢

　　贷：库存现金

报批准后的会计分录如下。

借：其他应收款（相关责任人或保险公司赔偿的部分）

管理费用（无法查明原因的部分）

贷：待处理财产损溢

现金溢余时的会计分录如下。

借：库存现金

贷：待处理财产损溢

报批准后的会计分录如下。

借：待处理财产损溢

贷：其他应付款（应付给有关人员的部分）

营业外收入（无法查明原因的部分）

2. 银行存款

电商企业至少要每月核对一次银行存款日记账与银行对账单。一般情况下，出纳人员每天都应该核对银行存款日记账与银行账户余额是否匹配。

3. 其他货币资金

电商企业通过支付宝、微信、网商银行等收到的资金都通过“其他货币资金”科目核算。

收到平台转入货款时的会计分录如下。

借：其他货币资金——支付宝

贷：主营业务收入

应交税费——应交增值税（销项税额）

4. 其他应收款

其他应收款是指除应收账款、应收票据、预付账款、应收股利和应收利息外的其他各项应收或暂付的款项。

其他应收款主要包括：

- 各种应收的赔款或罚款（如向保险公司收取的赔付款等）；

- 应收的出租包装物租金；
- 向员工收取的各种代垫款项（如为员工代垫的医疗费、水电费、房租等）；
- 其他应收、暂付的款项（如员工预借的差旅费、备用金等）。

5. 存货

存货是指企业在日常活动中持有以备出售的产成品或商品、处在生产过程中的在产品、在生产过程或提供劳务过程中耗用的材料和物料等。存货主要包括原材料、在产品、半成品、产成品、库存商品及周转材料等。

6. 固定资产

固定资产是指企业为生产商品、提供劳务、出租或经营管理而持有的，使用寿命超过一个会计年度的有形资产，如房产、汽车、计算机、大型打印机等。固定资产的折旧方法有年限平均法、工作量法、双倍余额递减法和年数总和法等。折旧方法一经确定，不得随意改变。固定资产从达到预定可使用状态的次月起开始计提折旧。

固定资产是以累计折旧来确认损耗的，每月都应当对固定资产计提折旧，并根据用途计入相关资产的成本或当期损益。虽然累计折旧科目属于资产类科目，但它是固定资产的备抵科目，记录的是已经计提的折旧额，因此累计折旧的余额在贷方。

7. 无形资产

无形资产是指企业拥有或控制的没有实物形态的可辨认非货币性资产，如商标、著作权、专利、非专利技术等。无形资产应当自可供使用时起开始摊销，至不再作为无形资产确认时停止摊销。

无形资产是以累计摊销来确认摊销费用的。使用寿命有限的无形资产应当在使用寿命内合理摊销，使用寿命不确定的无形资产则不应摊销。虽然累计摊销属于资产类科目，但它是无形资产的备抵科目，记录的是已经计提的摊销，因此累计摊销的余额在贷方。

4.2.2 负债类科目

负债类科目主要是对负债要素的具体内容进一步分类核算的科目，按照偿还期限可以分为流动负债科目和非流动负债科目，如表4-4所示。

表4-4 负债类科目

科目名称	余额方向
短期借款	贷
交易性金融负债	贷
应付票据	贷
应付账款	贷
预收账款	贷
应付职工薪酬	贷
应交税费	贷
应付利息	贷
应付股利	贷
其他应付款	贷
长期借款	贷
应付债券	贷
递延所得税负债	贷

1. 短期借款

短期借款是指企业在经营活动中根据自身的需要，向银行或其他金融机构借入的款项，一般借款的偿还期限在一年以内，如银行短期借款、淘宝订单贷款等。

2. 应付利息

应付利息是企业按照借款合同或协议约定应支付给银行或其他金融机构的利息。因借款产生的应付利息余额显示在贷方，表示应该支付但暂未支付的利息。

3. 应付账款

应付账款是指企业在生产经营过程中向供应商采购原材料或商品后暂时没

有支付的款项。应付账款是负债类科目，余额通常在贷方，借方出现余额说明实际支付的款项大于企业应支付的款项，属于企业的预付账款。

4. 预收账款

预收账款是指企业提前向客户收取的销售商品或提供服务的款项，实际上是企业的一项负债。预收账款一般包括企业向客户预收的货款或定金。

5. 其他应付款

其他应付款是指除主营业务外的其他应付的款项，如企业与股东、员工之间的各种往来款等。

6. 应付职工薪酬

职工薪酬是指企业为获得职工提供的服务或解除劳动关系而给予的各种形式的报酬或补偿。职工薪酬包括短期薪酬、离职后福利、辞退福利和其他长期职工福利。企业提供给职工配偶、子女、受赡养人、已故员工遗属及其他受益人等的福利也属于职工薪酬。

7. 应交税费

应交税费是指企业在生产经营活动中产生的营业收入、实现的利润按照税法相关规定应依法缴纳的各种税费。常见的税费包括增值税、消费税、城市维护建设税、教育费附加、地方教育费附加、印花税、企业所得税、个人所得税等。

4.2.3 权益类科目

权益类科目是对所有者（股东）权益要素的具体内容进一步分类核算的科目，如表 4-5 所示。

表 4-5 权益类科目

科目名称	余额方向
实收资本	贷
资本公积	贷
其他综合收益	贷
盈余公积	贷
本年利润	贷

1. 实收资本

实收资本是指股东根据公司章程或协议约定实际投入企业的资本。股东投入的资本可以是货币资金、固定资产、无形资产等。如果以非货币性资产投资，那么需要按照投资者各方确认的价值入账，或者由第三方权威机构认定其价值。

2. 资本公积

资本公积是指投资者投入企业的资本超过其享有的份额。假设某公司的实收资本是 200 万元，有一位新股东想加入，股东会做出决议，新股东出资 200 万元才能获得该公司 50% 的股份，这位新股东多出资的 100 万元就会被计入“资本公积”科目。

3. 盈余公积

盈余公积可以分为法定盈余公积和任意盈余公积。法定盈余公积具有强制性，是按照相关法律法规计提的，通常是每年净利润的 10%。当法定盈余公积计提到实收资本（股本）的 50% 时，可以不再计提。任意盈余公积不具有强制性，公司可按照公司章程或股东大会决议自行决定每年从净利润中提取的公积金额。

4. 未分配利润

未分配利润通常是指企业扣除分配给股东的股息、红利后，留存在企业的那部分利润。

4.2.4 共同类科目

共同类科目既有资产性质又有负债性质，其余额方向是不确定的，既有可能是借方，也有可能是贷方，如表 4-6 所示。共同类科目在实际工作中很少涉及，这里不做详细介绍。

表 4-6 共同类科目

科目名称	余额方向
清算资金往来	借 / 贷
货币兑换	借 / 贷
套期工具	借 / 贷
被套期项目	借 / 贷

4.2.5 成本类科目

成本类科目是对可归属于相应产品的生产成本、合同履约成本等具体内容进行核算的科目，如表 4-7 所示。成本类科目通常是生产制造企业用于核算生产成本的科目，贸易型企业一般用不到，在此不做详细介绍。

表 4-7 成本类科目

科目名称	余额方向
生产成本	借
制造费用	借
合同履约成本	借
研发支出	借

4.2.6 损益类科目

损益类科目是对收入、成本、费用等要素的具体内容进行分类核算的科目（见表 4-8），期末时需将有余额的损益类科目结转到本年利润中。

表 4-8 损益类科目

科目名称	余额方向
主营业务收入	贷
其他业务收入	贷
主营业务成本	借
其他业务成本	借
销售费用	借
管理费用	借
财务费用	借

1. 主营业务收入

主营业务收入是指企业在销售商品、提供劳务等主要经营活动中形成的经济利益的流入。主营业务收入科目的余额一般在贷方，期末需要将余额结转到本年利润中，结转后本科目无余额。

2. 其他业务收入

其他业务收入是指企业日常经营活动中除主营业务外的其他业务产生的经济利益的流入，主要包括包装物租金收入、出租固定资产或无形资产的收入等。其他业务收入科目的余额一般在贷方，期末需要将余额结转到本年利润中，结转后本科目无余额。

3. 主营业务成本

主营业务成本是指企业在销售商品或提供劳务等主要经营活动中发生的各种耗费。该科目的余额在借方，期末需要将余额结转到本年利润中，结转后本科目无余额。

4. 其他业务成本

其他业务成本是指企业日常经营活动中除主营业务外的其他业务所产生的支出，主要包括出租包装物的成本或摊销、出租固定资产的折旧、出租无形资产的摊销等。其他业务成本科目的余额在借方，期末需要将余额结转到本年利润中，结转后本科目无余额。

5. 销售费用

销售费用是指企业在销售商品过程中发生的费用，包括企业销售商品过程中发生的运输费、装卸费、包装费、保险费、展览费和广告费，以及为销售本企业商品而专设的销售机构（含销售网点、售后服务网点等）的职工工资及福利费、类似工资性质的费用、业务费等。销售费用科目的余额在借方，期末需要将余额结转到本年利润中，结转后本科目无余额。

6. 管理费用

管理费用是指企业为组织和管理企业生产经营所发生的费用，包括企业的董事会和行政管理部门在企业的经营管理中发生的或应当由企业统一负担的公司经费（包括行政管理部门职工工资、修理费、物料消耗、低值易耗品摊销、办公费和差旅费等）、工会经费、待业保险费、劳动保险费、董事会费、聘请中介机构费、咨询费（含顾问费）、诉讼费、业务招待费、职工教育经费、研究与开发费、排污费、存货盘亏或盘盈（不包括应计入营业外支出的存货损失）等。管理费用科目的余额在借方，期末需要将余额结转到本年利润中，结转后本科目无余额。

7. 财务费用

财务费用是指企业为筹集生产经营所需资金等而发生的费用，包括应当作为期间费用的利息支出（减利息收入）、汇兑损失（减汇兑收益）及相关的手续费等。财务费用科目的余额在借方，期末需要将余额结转到本年利润中，结转后本科目无余额。

4.3 会计记账方法

记账是会计核算的基础，实务中采用的记账方法是复式记账法中的借贷记账法。借贷记账法的基本规则是：有借必有贷，借贷必相等。下面简要介绍借贷记账法及会计分录。

1. 借贷记账法

在借贷记账法下，账户左边为借方，右边为贷方。

资产、成本类账户的借方表示增加，贷方表示减少，期末余额一般在借方，如表 4-9 所示。

表 4-9 资产、成本类账户的结构

借方	贷方
期初余额	—
本期增加发生额	本期减少发生额
本期借方发生额合计	本期贷方发生额合计
期末余额	—

负债类和所有者权益类账户的借方表示减少，贷方表示增加，期末余额一般在贷方，如表 4-10 所示。

表 4-10　负债、所有者权益类账户的结构

借方	贷方
—	期初余额
本期减少发生额	本期增加发生额
本期借方发生额合计	本期贷方发生额合计
—	期末余额

同一笔经济业务下，相关账户会形成应借、应贷关系，但无论借方还是贷方，增加或减少的金额都应该是一样的。

2. 会计分录

会计分录是对企业的每笔经济业务应借、应贷账户名称及金额的一种记录。会计分录的三要素是借贷的方向、对应的科目、记录的金额。

会计分录可分为两种，即简单会计分录和复合会计分录。简单会计分录是只涉及一个账户借方和一个账户贷方的会计分录（一借一贷），复合会计分录是涉及两个以上对应账户的会计分录（一借多贷、多借一贷或多借多贷），如表 4-11 所示。

表 4-11　会计分录的不同情形

情形	会计分录示例
一借一贷	借：库存现金 　贷：银行存款
一借多贷	借：其他货币资金——支付宝 　贷：主营业务收入 　　应交税费——应交增值税（销项税额）
多借一贷	借：库存商品 　应交税费——应交增值税（进项税额） 　贷：其他货币资金——支付宝
多借多贷	借：固定资产 　应交税费——应交增值税（进项税额） 　贷：应付账款 　　其他货币资金

下面举例说明，某电商企业 2022 年 3 月发生的经济业务如下。

（1）3 月 1 日股东向企业实缴投资款 200 000 元，款项直接转入企业开户银行。

实收资本

借方	贷方
	期初余额 300 000
	① 200 000

银行存款

借方	贷方
期初余额 50 000	
① 200 000	

（2）3 月 5 日，该企业从供应商处购入一批货物，货款为 50 000 元，已验收入库，货款暂未支付（假设不考虑增值税）。

应付账款

借方	贷方
	期初余额 10 000
	② 50 000

库存商品

借方	贷方
期初余额 100 000	
② 50 000	

（3）3 月 15 日该企业以其他货币资金支付上月所欠货款 10 000 元。

应付账款

借方	贷方
	期初余额 10 000
	② 50 000
③ 10 000	

其他货币资金

借方	贷方
期初余额 12 000	
	③ 10 000

（4）3 月 16 日，该企业从银行提取备用金 2000 元。

银行存款

借方	贷方
期初余额 50 000	
① 200 000	
	④ 2000

库存现金

借方	贷方
期初余额 1000	
④ 2000	

（5）该企业用盈余公积向股东分配现金股利10 000元。

应付股利

借方	贷方
	⑤ 10 000

盈余公积

借方	贷方
	期初余额1000
⑤ 10 000	

（6）该企业用其他货币资金支付平台扣点50 000元。

其他货币资金

借方	贷方
期初余额12 000	
	③ 10 000
	⑥ 50 000

销售费用

借方	贷方
⑥ 50 000	

（7）该企业销售了一批货物，销售额为120 000，款项已收到并已开具发票，这批货物的成本为60 000元（假设不考虑相关税费）。

主营业务收入

借方	贷方
	⑦ 120 000

其他货币资金

借方	贷方
期初余额12 000	
⑦ 120 000	③ 10 000
	⑥ 50 000

库存商品

借方	贷方
期初余额100 000	
② 50 000	
	⑦ 60 000

主营业务成本

借方	贷方
⑦ 60 000	

结转损益类科目如下。

本年利润

借方	贷方
⑦ 120 000	⑥ 50 000
	⑦ 60 000
	期末余额10 000

利润分配

借方	贷方
	10 000
	期末余额10 000

为了让大家掌握借贷记账法的基本原则，此处按照每笔经济业务编制了该企业 2022 年 3 月发生额试算平衡表，如表 4-12 所示。

表 4-12　发生额试算平衡表（2022 年 3 月）

单位：元

会计科目	本期发生额	
	借方	贷方
库存现金	④ 2000	
银行存款	① 200 000	④ 2000
其他货币资金	⑦ 120 000	③ 10 000、⑥ 50 000
库存商品	② 50 000	⑦ 60 000
应付账款	③ 10 000	② 50 000
销售费用	⑥ 50 000	
主营业务收入		⑦ 120 000
主营业务成本	⑦ 60 000	
应付股利		⑤ 10 000
实收资本		① 200 000
盈余公积	⑤ 10 000	
合计	502 000	502 000

4.4　会计报表

企业应当根据真实的交易、事项及完整、准确的账簿记录等资料，按照国家统一的会计制度规定的编制基础、编制依据、编制原则和方法来编制财务会计报告。财务会计报告可分为年度、半年度、季度和月度财务会计报告。财务会计报告包括会计报表、会计报表附注和财务情况说明书。其中，会计报表包括资产负债表、利润表、现金流量表及相关附表。

4.4.1 资产负债表

资产负债表是反映企业在某一特定日期财务状况的报表。资产负债表应当按照资产、负债和所有者权益（或股东权益）分类分项列示。

资产负债表的主要作用如下：

- 提供企业某一特定时点资产结构的分布情况及金额，体现企业目前拥有或控制的资源。
- 提供企业某一特定时点负债结构的分布情况及金额，表明企业未来需要用多少资产来清偿债务及清偿债务的时间。
- 反映企业所有者（或股东）拥有的权益，以判断对负债的保障程度及资本保值情况。

资产负债表是按照“资产＝负债＋所有者权益”这个恒等式填制的，它主要反映企业的资产有哪些，构成这些资产的资金是借来的还是股东投入的。借来的资金是企业的负债，股东投入的是所有者权益，如表 4-13 所示。

表 4-13 资产负债表

编制单位：××公司　　20××年5月31日　　单位：元

项目	行次	期末余额	年初余额	负债和所有者权益	行次	期末余额	年初余额
流动资产				流动负债			
货币资金	1			短期借款	31		
短期投资	2			应付票据	32		
应收票据	3			应付账款	33		
应收账款	4			预收账款	34		
预付账款	5			应付职工薪酬	35		
应收股利	6			应交税费	36		
应收利息	7			应付利息	37		
其他应收款	8			应付利润	38		
存货	9			其他应付款	39		

（续表）

项目	行次	期末余额	年初余额	负债和所有者权益	行次	期末余额	年初余额
其中：原材料	10						
在产品	11						
库存商品	12						
周转材料	13						
其他流动资产	14			其他流动负债	40		
流动资产合计	15			流动负债合计	41		
非流动资产				非流动负债			
长期债券投资	16			长期借款	42		
长期股权投资	17			长期应付款	43		
固定资产原价	18			递延收益	44		
减：累计折旧	19			其他非流动负债	45		
固定资产账面价值	20			非流动负债合计	46		
在建工程	21			负债合计	47		
工程物资	22						
固定资产清理	23						
生产性生物资产	24			所有者权益（或股东权益）			
无形资产	25			实收资本（或股本）	48		
开发支出	26			资本公积	49		
长期待摊费用	27			盈余公积	50		
其他非流动资产	28			未分配利润	51		
非流动资产合计	29			所有者权益（或股东权益）合计	52		
资产合计	30			负债和所有者权益（或股东权益）	53		

4.4.2 利润表

利润表是反映企业在一定会计期间经营成果的报表。利润表应当按照各项收入、费用及构成利润的各个项目分类分项列示。

利润表的主要作用如下：

- 反映企业在一定会计期间收入的实现情况；
- 反映企业在一定会计期间费用的支出情况；
- 反映企业经营活动成果的实现情况，以判断资本保值增值情况。

利润表是按照“收入－费用＝利润”这个恒等式填制的，其主要勾稽关系是收入减去各项成本费用等于利润，如表4-14所示。

表4-14 利润表

编制单位：××公司　　20××年5月　　单位：元

项目	行次	本年累计金额	本期金额
一、营业收入	1		
减：营业成本	2		
税金及附加	3		
其中：消费税	4		
营业税	5		
城市维护建设税	6		
资源税	7		
土地增值税	8		
城镇土地使用税、房产税、车船税、印花税	9		
教育费附加、矿产资源补偿费、排污费	10		
销售费用	11		
其中：商品维修费	12		
广告费和业务宣传费	13		
管理费用	14		
其中：开办费	15		
业务招待费	16		

（续表）

项目	行次	本年累计金额	本期金额
研发费用	17		
财务费用	18		
其中：利息费用（收入以“–”号填列）	19		
加：投资收益（亏损以“–”号填列）	20		
二、营业利润（亏损以“–”号填列）	21		
加：营业外收入	22		
其中：政府补助	23		
减：营业外支出	24		
其中：坏账损失	25		
无法收回的长期债券投资损失	26		
无法收回的长期股权投资损失	27		
自然灾害等不可抗力因素造成的损失	28		
税收滞纳金	29		
三、利润总额（亏损总额以“–”号填列）	30		
减：所得税费用	31		
四：净利润（净亏损以“–”号填列）	32		

4.4.3 现金流量表

现金流量表是反映企业一定会计期间现金和现金等价物（以下简称“现金”）流入和流出的报表。现金流量表应当按照经营活动、投资活动和筹资活动的现金流量分类分项列示。

在现金流量表中，经营活动的现金流量应当按照经营活动的现金流入和流出的性质列示；投资活动的现金流量应当按照投资活动的现金流入和流出的性质列示；筹资活动的现金流量应当按照筹资活动的现金流入和流出的性质列示。三类活动产生的现金流入减去现金流出，就等于现金的净流量，如表4-15所示。

表 4-15 现金流量表

编制单位：× × 公司　　20× × 年 5 月　　单位：元

项目	行次	本年累计金额	本期金额
一、经营活动产生的现金流量			
销售商品、提供劳务收到的现金	1		
收到其他与经营活动有关的现金	2		
购买商品、接受劳务支付的现金	3		
支付的职工薪酬	4		
支付的税费	5		
支付其他与经营活动有关的现金	6		
经营活动产生的现金流量净额	7		
二、投资活动产生的现金流量			
收回短期投资、长期债券投资和长期股权投资收到的现金	8		
取得投资收益收到的现金	9		
处置固定资产、无形资产和其他非流动资产收回的现金净额	10		
短期投资、长期债券投资和长期股权投资支付的现金	11		
购建固定资产、无形资产和其他非流动资产支付的现金	12		
投资活动产生的现金流量净额	13		
三、筹资活动产生的现金流量			
取得借款收到的现金	14		
吸收投资者投资收到的现金	15		
偿还借款本金支付的现金	16		
偿还借款利息支付的现金	17		
分配利润支付的现金	18		
筹资活动产生的现金流量净额	19		
四、现金净增加额	20		
加：期初现金余额	21		
五、期末现金余额	22		

4.4.4 三张报表之间的勾稽关系

资产负债表与利润表的表间关系是利润表中的净利润等于资产负债表中未分配利润的期末数减去期初数。因为资产负债表体现的是某一时点的数据，而利润表体现的是一段时期内经营成果的数据，所以资产负债表未分配利润在不同时点之间的差额就等于该段时间内利润表中的净利润。

资产负债表与现金流量表的表间关系是现金流量表中的期末现金余额等于资产负债表中货币资金的期末余额。

利润表与现金流量表都是时期报表，利润表反映企业在一段时期内利润的实现情况，现金流量表反映企业在一段时期内现金流量的发生情况。二者的主要区别在于编制基础不同，利润表是按照权责发生制编制的，而现金流量表是按照收付实现制编制的。

第5章

电商企业财税合规实操

5.1 采购环节财税合规管控

销售商品的企业都需要先采购原材料或产品，然后才能对外销售。在采购环节，电商企业除了要把控成本，还要把控采购风险。下面从不同的几个方面介绍如何把控采购风险。

5.1.1 采购合同

采购的第一个环节就是签订采购合同。在签订采购合同时需要注意以下事项。

1. 纳税人身份

纳税人身份不同，增值税征税方式也会有所不同。在采购环节，买卖双方有可能都是小规模纳税人或一般纳税人，也有可能其中一方是小规模纳税人，另一方是一般纳税人。

如果买方是一般纳税人，那么买方肯定希望卖方也是一般纳税人，这样买方收到增值税专用发票后就可以抵扣进项税额。如果买方是小规模纳税人，那么买方对卖方的纳税人身份就不会有要求，因为无论卖方开具什么种类的发票，买方都只能做成本处理，在质量相同的情况下选择价格最低的卖方就可以了。因此，在签订采购合同的时候，买方通常会要求卖方提供能够证明纳税人资质的复印件（如营业执照、一般纳税人资格认定表、许可证等）并加盖公章。

2. 发票种类

发票种类主要包括增值税专用发票、增值税普通发票、机动车销售统一发票、增值税电子专用发票、增值税电子普通发票、通用机打普通发票、定额发票、全面数字化的电子发票（简称"全电发票"）等。

纳税人身份不同，发票上的税率也不相同。例如，一般纳税人的税率为13%、9%或6%，而小规模纳税人的征收率为3%或5%。签订合同时要明确约定开具发票的时间。

3. 价款和报酬应含税

签订合同时，最好分别列出货物的含税价款和不含税价款，避免合同双方在金额上产生误解，影响开票金额。根据《印花税法》的相关规定，印花税以合同金额为计税依据，如果合同备注了不含税金额，或者单独列明了增值税税额，就按照不含税金额计算印花税。如果合同没有分别注明不含税金额或增值税税额，就按照合同总价款计算印花税。

另外，支付货款的方式包括预付货款、货到付款、分期付款等，财务人员要根据付款方式做好预算。

4. 明确违约责任及相关事项

合同中应明确违约责任。电商企业常面临客户投诉延迟发货等情况，有时需要赔偿客户一定金额的违约金。如果延迟发货是由供应商造成的，电商企业就可以根据合同中的违约责任条款要求供应商补偿，从而降低成本。

5.1.2 采购渠道的选择

在采购过程中，电商企业往往要面对不同的供应商。在签订合同时，合同双方应明确价格的构成，尤其是税费是否包含在价格中。

供应商既有可能是一般纳税人，也有可能是小规模纳税人。如果供应商提出开具发票的前提是电商企业"补税点"，或者供应商说自己是小规模纳税人，不愿意提供增值税专用发票，在货物质量相同的情况下，电商企业应该如何选择供应商呢？

作为买方，首先要考虑自己是一般纳税人还是小规模纳税人，然后考虑购进货物的用途是什么，能不能用增值税专用发票进行抵扣。

如果买方是小规模纳税人，就不需要考虑供应商是否为一般纳税人，只需要选择能够提供发票且价格最低的供应商。如果买方是一般纳税人，那么从一般纳税人处采购可取得税率为 13% 的增值税专用发票，从小规模纳税人处采购仅可取得征收率为 3% 的增值税专用发票，在不含税价格相同的情况下，应该优先从一般纳税人处采购，这样才能获得更多的进项税额抵扣销项税额。

但是，当小规模纳税人供应商提供较低的价格时，买方应该如何选择呢？下面举例说明。

假设 1：A 公司是一般纳税人，三家供应商分别是一般纳税人、小规模纳税人（可开具增值税专用发票）和小规模纳税人（可开具增值税普通发票）。三家供应商的货物质量相同，在货物不含税价格相同的情况下，A 公司应该选择哪家供应商呢？

通过供应商货物情况表（见表 5-1）可知，在货物不含税价格相同的情况下，如果 A 公司选择一般纳税人供应商，就可以获得最多的利润。

假设 2：A 公司是一般纳税人，三家供应商分别是一般纳税人、小规模纳税人（可开具增值税专用发票）和小规模纳税人（可开具增值税普通发票）。三家供应商的货物质量相同，在货物不含税价格不同的情况下，A 公司应该选择哪家供应商呢？

通过供应商货物情况表（见表 5-2）可知，在货物不含税价格不同的情况下，如果 A 公司选择可开具增值税专用发票的小规模纳税人供应商，就能获得最多的利润。

假设 3：A 公司是一般纳税人，三家供应商分别是一般纳税人（可开具增值税专用发票但采购成本会增加 10%）、小规模纳税人（可开具增值税专用发票）和小规模纳税人（可开具增值税普通发票）。三家供应商的货物质量相同，在货物不含税价格不同的情况下，A 公司应该选择哪家供应商呢？

通过供应商货物情况表（见表 5-3）可知，在货物不含税价格不同的情况下，如果 A 公司选择可开具增值税专用发票但采购成本会增加 10% 的一般纳税人供应商，就能获得最多的利润。

表 5-1　供应商货物情况表 1

单位：元

供应商	货物成本情况			货物销售情况			应缴纳增值税	附加税	所得税	收入流水	支出流水	利润
	含税价格	不含税价格	可以抵扣的进项税额	含税价格	不含税价格	销项税额						
一般纳税人	113.00	100.00	13.00	226.00	200.00	26.00	13.00	1.56	2.46	226.00	130.02	95.98
小规模纳税人（专票）	103.00	100.00	3.00	226.00	200.00	26.00	23.00	2.76	2.43	226.00	131.19	94.81
小规模纳税人（普票）	103.00	100.00	0.00	226.00	200.00	26.00	26.00	3.12	2.35	226.00	134.47	91.53

表 5-2　供应商货物情况表 2

单位：元

供应商	货物成本情况			货物销售情况			应缴纳增值税	附加税	所得税	收入流水	支出流水	利润
	含税价格	不含税价格	可以抵扣的进项税额	含税价格	不含税价格	销项税额						
一般纳税人	113.00	100.00	13.00	226.00	200.00	26.00	13.00	1.56	2.46	226.00	130.02	95.98
小规模纳税人（专票）	100.00	97.09	2.91	226.00	200.00	26.00	23.09	2.77	2.50	226.00	128.36	97.64
小规模纳税人（普票）	100.00	97.09	0.00	226.00	200.00	26.00	26.00	3.12	2.42	226.00	131.54	94.46

表 5-3　供应商货物情况表 3

单位：元

供应商	货物成本情况			货物销售情况			应缴纳增值税	附加税	所得税	收入流水	支出流水	利润
	含税价格	不含税价格	可以抵扣的进项税额	含税价格	不含税价格	销项税额						
一般纳税人（采购成本增加 10%）	110.00	97.35	12.65	226.00	200.00	26.00	13.35	1.60	2.53	226.00	127.48	98.52
小规模纳税人（专票）	100.00	97.09	2.91	226.00	200.00	26.00	23.09	2.77	2.50	226.00	128.36	97.64
小规模纳税人（普票）	100.00	97.09	0.00	226.00	200.00	26.00	26.00	3.12	2.42	226.00	131.54	94.46

下面再看一个案例。

【案例】

甲公司只销售一种商品，分别从一般纳税人供应商乙和小规模纳税人供应商丙处进货。供应商乙开具的增值税专用发票含税价格为 B 元，供应商丙开具的增值税专用发票含税价格为 C 元。甲公司商品的不含税销售价格为 A 元。

从供应商乙处采购货物时，甲公司净利润=A−{B÷1.13+（A×0.13−B÷1.13×0.13）×12%+［A−B÷1.13−（A×0.13−B÷1.13×0.13）×12%］×25%}。

从供应商丙处采购货物时，甲公司净利润=A−{C÷1.03+（A×0.13−C÷1.03×0.03）×12%+［A−C÷1.03−（A×0.13−C÷1.03×0.03）×12%］×25%}。

假设甲公司无论拿到一般纳税人供应商乙开具的增值税专用发票还是小规模纳税人供应商丙开具的增值税专用发票，净利润都是相同的。

解以下方程式：

A−{B÷1.13+（A×0.13−B÷1.13×0.13）×12%+［A−B÷1.13−（A×0.13−B÷1.13×0.13）×12%］×25%}=A−{C÷1.03+（A×0.13−C÷1.03×0.03）×12%+［A−C÷1.03−（A×0.13−C÷1.03×0.03）×12%］×25%}

可得：小规模纳税人供应商货物价格 C=90.06%×B。

也就是说，在小规模纳税人供应商和一般纳税人供应商都可以开具增值税专用发票的前提下，当小规模纳税人供应商货物含税价格低于一般纳税人供应商货物含税价格的 90.06% 时，电商企业选择小规模纳税人供应商可以获得更多的利润；当小规模纳税人供应商货物含税价格高于一般纳税人供应商货物含税价格的 90.06% 时，电商企业选择一般纳税人供应商可以获得更多的利润。

5.1.3 常见采购业务的涉税风险

采购时，电商企业除了要从成本的角度考虑如何选择供应商，还要从税务的角度考虑自身的风险。采购业务的税务风险主要来自以下环节：合同签订、货款支付、货物往来与进项发票的开具。

采购业务的涉税风险主要有以下几项。

1. 为降低成本选择不开具货物发票

有些电商企业为了降低采购成本，与供应商签订合同时选择使用不含税价格，这样采购成本就比含税价格低，对外销售就更有价格优势。但是，合同价格不含税，如果电商企业需要发票，供应商肯定会要求其付出一定的成本，这就造成很多电商企业宁愿放弃这部分进项发票，也不愿意增加成本取得进项发票。但是，增值税专用发票可以用来抵扣所销售商品的销项税额，在企业所得税汇算清缴时也可以扣除这部分货物成本。另外，发票是消费的合法凭据，后期万一发生争议也可以将发票作为凭证。

因此，电商企业在签订采购合同时使用含税价格，不仅可以取得进项发票，销售价格也可以根据含税采购价来定，毕竟对外销售商品时成交价格就是默认的含税销售额。

2. 要求供应商多开发票

有些电商企业在采购时为了多开进项发票，会跟供应商商量以对公支付的方式多付一笔货款，然后要求供应商多开一些发票。这是目前虚开发票的做法中最常见的一种，很多电商企业都觉得这样做没什么问题，因为该交的税都交了，采购业务也是真实的，但实际上这就是一种虚开增值税发票的行为。

《发票管理办法》规定，任何单位和个人不得为他人、为自己开具与实际经营业务情况不符的发票，不得让他人为自己开具与实际经营业务情况不符的发票，不得介绍他人开具与实际经营业务情况不符的发票。违反规定属于虚开发票的行为，由税务机关没收违法所得，并根据金额处以罚款，构成犯罪的，依法追究刑事责任。

因此，从税收风险的角度来说，电商企业应该杜绝这种要求供应商多开发票的行为，确保合规经营。

3. 对开发票

在采购业务中，有时也会发生买方因质量、价格问题而退货的情况。如果是正常的退货，买方需要将采购进项发票退给供应商，供应商收到退票后开具红字增值税发票进行冲红，但有些供应商觉得这样做很麻烦，可能会要求买方开具销售发票，这种行为就叫对开发票。对开发票也是一种虚开发票的行为。

《中华人民共和国增值税暂行条例实施细则》（以下简称《增值税暂行条例实施细则》）第十一条规定："一般纳税人销售货物或者应税劳务，开具增值税专用发票后，发生销售货物退回或者折让、开票有误等情形，应按国家税务总局的规定开具红字增值税专用发票。未按规定开具红字增值税专用发票的，增值税额不得从销项税额中扣减。"

因此，电商企业在采购业务中发生了退货，该冲红就要冲红，该退票就要退票，千万不要对开发票，以免产生不必要的风险。

4. 收款方与开票方不一致

在采购业务中，有时会遇到票款不一致的情况。比较常见的情况之一是收款方与开票方不一致。

【案例】

A 公司向 B 公司采购货物，支付了 100 万元的货款，B 公司因为发票不够用，就通过独立的关联公司 C 公司，给 A 公司开了一张发票。

这种行为在电商行业中比较常见，不少人觉得没有问题，毕竟业务是真实的，也的确支付了货款。尤其是在供应商与开票方股东相同的情况下，做这种操作的人认为两家公司都是自己成立的，由哪家公司开票都无所谓，但实际上这也属于虚开发票的行为。

有些电商企业觉得开票方是谁无所谓，只要能取得发票用于抵扣就可以了，但《国家税务总局关于加强增值税征收管理若干问题的通知》（国税发

〔1995〕192号）规定："纳税人购进货物或应税劳务，支付运输费用，所支付款项的对象，必须与开具抵扣凭证的销货单位、提供劳务的单位一致，才能够申报抵扣进项税额，否则不予抵扣。"因此，对买方来说，如果收取货款的企业跟开具发票的企业不一致，即使拿到了进项发票，也不能用于抵扣。

5. 无票收入

电商行业的一大特点就是很多终端消费者并不需要发票，在这种情况下，很多电商企业在无票收入上打起了主意，出售自家无票收入的发票以获取利益，这就属于主观意识上的违法，属于虚开增值税发票、买卖增值税发票的行为。

做出这种行为的一些商家觉得自己已经如实申报了收入，只是换了开票对象，问题不大。殊不知电商后台数据十分透明，只要税务机关想查，就可以直接通过电商后台数据库查到商家的销售数据。在大数据监管的情况下，税务机关可能比企业自身还清楚企业上下游货物、发票往来的数据。

6. 失控发票

失控发票是指无法控制的发票，也就是使用防伪税控系统的企业因金税卡被盗而丢失其中未开具的发票或丢失空白专用发票，以及被列为非正常户（含走逃户）的使用防伪税控系统的企业未向税务机关申报或未按规定缴纳税款的发票。按照有关规定，未按时抄报税的企业，经税务部门电话联系、实地查找而无下落的，其当月通过防伪税控系统开具和未开具的专用发票将被全部上报为失控发票。

增值税专用发票被认定为失控发票的主要情形如下：

- 纳税人逾期未抄报开票数据、申报纳税；
- 纳税人丢失增值税专用发票，导致抄报信息不包含丢失发票的号段；
- 纳税人丢失防伪税控系统抄报税介质，如税控卡、税控盘，导致无法抄报；

- 纳税人走逃而不抄报开票信息。

在认定失控发票时，税务机关可以进行以下两种处理：

- 将纳税人最后一次领购发票的号段与已按期抄报发票的号段进行比对，前者多于后者的部分即为失控；
- 若纳税人日后补充抄报了失控发票信息，则税务机关立即将这部分发票恢复为正常状态。

结合上述六种情形，电商企业在日常采购业务中签订经济合同时涉及的税务风险主要表现在以下五个方面：

- 纳税义务的风险——税负可能发生转嫁；
- 纳税时间的风险——可能存在递延纳税；
- 税收发票的风险——合法凭证能否取得；
- 关联交易的风险——企业之间转移利润；
- 税收成本的风险——可能存在多缴税的情况。

5.2 销售环节财税合规管控

根据确认收入时间的不同，销售方式主要分为五种，分别是直接收款方式、视同销售方式、赊销和分期收款方式、预收货款方式、托收承付和委托银行收款方式。对电商企业来说，前两种方式更加常见，下面简要介绍。

5.2.1 直接收款方式

顾名思义，直接收款方式就是直接进行买卖，钱货两清。

在直接收款方式下，确认收入的时间点主要有以下三个。

- 货物发出，未收取货款，未开发票。按照取得货款或取得销售款凭证的当天确认收入。

- 货物发出，未收取货款，开具了发票。按照发票开具当天确认收入。
- 货物发出，收取货款，未开发票。按照取得货款当天确认收入。

在电商交易流程中，确认销售收入的时间点一般是发货时或买家确认收货时（如果是在天猫平台上完成交易，也可以是买家签收 7 天后，款项扣除天猫相关费用，由第三方担保账户转入店铺支付宝账户时）。

如果销售的是附有 7 天无理由退货条件的商品，就要分以下两种情况处理。

（1）能合理地估计退货可能性，在发出商品时确认收入、预计负债。

在发货环节（发出商品时）全额确认收入，结转成本。会计分录如下。

借：应收账款——天猫平台

　　贷：主营业务收入

　　　　应交税费——应交增值税（销项税额）

借：主营业务成本

　　贷：库存商品

期末根据估计的退货概率，确认预计负债冲对应收入。会计分录如下。

借：主营业务收入

　　贷：预计负债——预计退货

退货期满，实际退货。会计分录如下。

借：库存商品

　　应交税费——应交增值税（销项税额）

　　预计负债——预计退货

　　贷：其他货币资金——支付宝

　　　　主营业务成本

（2）不能合理估计退货的可能性，在退货期满时确认收入。

在买家下单、买家付款环节不做会计处理。

发货环节的会计分录如下。

借：发出商品

贷：库存商品

在买家确认收货环节，款项扣除天猫相关费用，由平台担保账户转入店铺支付宝账户时确认收入。会计分录如下。

借：其他货币资金——支付宝

销售费用——天猫平台扣点

销售费用——天猫积分

财务费用——POS 手续费

贷：主营业务收入（当期确认收货金额）

应交税费——应交增值税（销项税额）

店铺将货款由支付宝账户转入银行账户时的会计分录如下。

借：银行存款

贷：其他货币资金——支付宝

成本结转环节的会计分录如下。

借：主营业务成本

贷：发出商品

退货处理分为以下两种情况。

① 在确认收货环节，买家确认收货前退货。会计分录如下。

借：库存商品

贷：发出商品

② 买家确认收货后退货。确认成本时直接从当期收入扣除。

5.2.2 视同销售方式

在视同销售方式下，企业确认收入的依据有两种，分别是企业所得税和增值税。

（1）企业所得税

根据《国家税务总局关于企业处置资产所得税处理问题的通知》（国税函〔2008〕828号），企业将资产移送他人，因资产所有权属已发生改变而不属于内部处置资产，应按规定视同销售确定收入。

（2）增值税

根据《增值税暂行条例实施细则》第四条的规定，下列行为视同销售货物：

- 将货物交付其他单位或者个人代销；
- 销售代销货物；
- 设有两个以上机构并实行统一核算的纳税人，将货物从一个机构移送其他机构用于销售，但相关机构设在同一县（市）的除外；
- 将自产或者委托加工的货物用于非增值税应税项目；
- 将自产、委托加工的货物用于集体福利或者个人消费；
- 将自产、委托加工或者购进的货物作为投资，提供给其他单位或者个体工商户；
- 将自产、委托加工或者购进的货物分配给股东或者投资者；
- 将自产、委托加工或者购进的货物无偿赠送其他单位或者个人。

根据《财政部 国家税务总局关于全面推开营业税改征增值税试点的通知》（财税〔2016〕36号），下列情形视同销售服务、无形资产或不动产：

- 单位或者个体工商户向其他单位或者个人无偿提供服务，但用于公益事业或者以社会公众为对象的除外；
- 单位或者个人向其他单位或者个人无偿转让无形资产或者不动产，但用于公益事业或者以社会公众为对象的除外；

- 财政部和国家税务总局规定的其他情形。

“营改增”改革后，将自产或委托加工的货物用于非增值税应税项目的情形已不存在。例如，某家具公司送给股东一套家具，此行为应视同销售，该公司需要申报销售收入。

5.3 费用环节财税合规管控

企业的费用主要包括销售费用、管理费用和财务费用，这三大费用科目下面会设多个或多级明细科目，以区分用途。

5.3.1 常见费用及税费管控

企业在日常经营中会产生各种费用，如产品推广费用、员工工资、为开拓市场而支付的招待费等。下面介绍一些常见的费用及其管控手段。

1. 业务招待费

业务招待费是企业为业务经营的合理需要而支付的招待费用。

常见的业务招待费包括餐费、娱乐场所相关费用、商场购物卡费用、礼品及礼品券费用、对方的差旅费等。其中，餐费及娱乐场所相关费用是不能抵扣的，商场购物卡只能取得增值税普通发票。

根据《财政部 国家税务总局关于全面推开营业税改征增值税试点的通知》（财税〔2016〕36号），购进的旅客运输服务、贷款服务、餐饮服务、居民日常服务和娱乐服务费用不能抵扣。

业务招待费的企业所得税税前扣除限额规定如下。《中华人民共和国企业所得税法实施条例》（以下简称《企业所得税法实施条例》）第四十三条规定：“企业发生的与生产经营活动有关的业务招待费支出，按照发生额的60%扣除，但最高不得超过当年销售（营业）收入的5‰。”根据《国家税务总局关于企业所得税应纳税所得额若干税务处理问题的公告》（2012年第15号），企业在筹建期间发生的与筹办活动有关的业务招待费支出，可按实际发生额的60%计入企业筹办费，并按有关规定在税前扣除。

销售（营业）收入包括主营业务收入、其他业务收入、视同销售收入，如有查补的此类收入，也应作为计提业务招待费的基数。销售（营业）收入一般不包括营业外收入和投资收益。

根据《国家税务总局关于贯彻落实企业所得税法若干税收问题的通知》（国税函〔2010〕79号），从事股权投资业务的企业（包括集团公司总部、创业投资企业等）从被投资企业所分配的股息、红利及股权转让收入，可以按规定的比例计算业务招待费扣除限额。

【案例】

A公司主要销售家具，今年营业收入为10 000万元，投资收益为100万元，成本为5000万元，销售费用为2000万元，管理费用为1000万元。其中，业务招待费为100万元。

业务招待费抵扣标准为：营业收入10 000万元的5‰或业务招待费100万元的60%，比较两个金额，哪个金额少就按哪个金额抵扣。

抵扣金额1（营业收入的5‰）=10 000×5‰=50（万元）。

抵扣金额2（业务招待费的60%）=100×60%=60（万元）。

需要调增企业所得税应纳税所得额=100−50=50（万元）。

注意：调增是指调增所得税计税基础，不需要做会计分录，在进行企业所得税汇算清缴时体现就可以了。

2. 广告费和业务宣传费

广告服务是指利用图书、报纸、杂志、广播、电视、电影、幻灯、路牌、招贴、橱窗、霓虹灯、灯箱、互联网等各种形式为客户的商品、经营服务项目、文体节目或通告、声明等委托事项进行宣传和提供相关服务的业务活动，包括广告代理和广告的发布、播映、宣传、展示等。

《企业所得税法实施条例》第四十四条规定："企业发生的符合条件的广告费和业务宣传费支出，除国务院财政、税务主管部门另有规定外，不超过当年销售（营业）收入15%的部分，准予扣除；超过部分，准予在以后纳税年度结转扣除。"

另外，根据《财政部 税务总局关于广告费和业务宣传费支出税前扣除有关事项的公告》（财政部 税务总局公告2020年第43号），从2021年1月1日至2025年12月31日，有关事项按下述规定执行。

（1）对化妆品制造或销售、医药制造和饮料制造（不含酒类制造）企业发生的广告费和业务宣传费支出，不超过当年销售（营业）收入30%的部分，准予扣除；超过部分，准予在以后纳税年度结转扣除。

（2）对签订广告费和业务宣传费分摊协议（以下简称"分摊协议"）的关联企业，其中一方发生的不超过当年销售（营业）收入税前扣除限额比例内的广告费和业务宣传费支出可以在本企业扣除，也可以将其中的部分或全部按照分摊协议归集至另一方扣除。另一方在计算本企业广告费和业务宣传费支出企业所得税税前扣除限额时，可将按照上述办法归集至本企业的广告费和业务宣传费不计算在内。

（3）烟草企业的烟草广告费和业务宣传费支出，一律不得在计算应纳税所得额时扣除。

【案例】

A公司主要销售家具，今年营业收入为10 000万元，成本为5000万元，销售费用为2000万元，管理费用为1000万元。其中，广告费和业务宣传费为1600万元。

广告费和业务宣传费抵扣金额=10 000×15%=1500（万元）。

需要调增企业所得税应纳税所得额 =1600－1500=100（万元）。

注意：企业在业务宣传、广告等活动中，随机向本单位以外的个人赠送礼品（包括网络红包，下同），以及企业在年会、座谈会、庆典及其他活动中向本单位以外的个人赠送礼品，个人取得的礼品收入，按照“偶然所得”项目计算缴纳个人所得税，但企业赠送的具有价格折扣或折让性质的消费券、代金券、抵用券、优惠券等礼品除外。

根据《财政部 国家税务总局关于企业促销展业赠送礼品有关个人所得税问题的通知》（财税〔2011〕50号），企业在销售商品（产品）和提供服务过程中向个人赠送礼品，属于下列情形之一的，不征收个人所得税：（1）企业通过价格折扣、折让方式向个人销售商品（产品）和提供服务；（2）企业在向个人销售商品（产品）和提供服务的同时给予赠品，如通信企业对个人购买手机赠话费、入网费，或者购话费赠手机等；（3）企业对累积消费达到一定额度的个人按消费积分反馈礼品。

3. 职工薪酬

应付职工薪酬包括短期薪酬、离职后福利、辞退福利和其他长期职工福利。企业提供给职工配偶、子女、受赡养人、已故员工遗属及其他受益人等的福利也属于职工福利。

短期薪酬是指企业在职工提供相关服务的年度报告期间结束后 12 个月内需要全部予以支付的职工薪酬，因解除与职工的劳动关系给予的补偿除外。

离职后福利是指企业为获得职工提供的服务而在职工退休或与企业解除劳动关系后提供的各种形式的报酬和福利（养老保险及失业保险归为此类），短期薪酬和辞退福利除外。

辞退福利是指企业在职工劳动合同到期之前解除与职工的劳动关系或为鼓励职工自愿接受裁减而给予职工的补偿。

其他长期职工福利是指除短期薪酬、离职后福利、辞退福利之外所有的职工薪酬，包括长期带薪缺勤、长期残疾福利、长期利润分享计划等。

根据《中华人民共和国个人所得税法实施条例》(以下简称《个人所得税法实施条例》),《个人所得税法》第二条所说的各项个人所得中的工资、薪金所得，是指个人因任职或者受雇而取得的工资、薪金、奖金、年终加薪、劳动分红、津贴、补贴以及与任职或者受雇有关的其他所得。

同时，根据《国家税务总局关于印发〈征收个人所得税若干问题的规定〉的通知》(国税发〔1994〕89号),《个人所得税法实施条例》对工资、薪金所得的具体内容和征税范围作了明确规定，应严格按照规定进行征税。对于补贴、津贴等一些具体收入项目应否计入工资、薪金所得的征税范围问题，按下述情况掌握执行。

(1)对按照国务院规定发给的政府特殊津贴和国务院规定免纳个人所得税的补贴、津贴，免予征收个人所得税。其他各种补贴、津贴均应计入工资、薪金所得项目征税。

(2)下列不属于工资、薪金性质的补贴、津贴或者不属于纳税人本人工资、薪金所得项目的收入，不征税：

- 独生子女补贴；
- 执行公务员工资制度未纳入基本工资总额的补贴、津贴差额和家属成员的副食品补贴；
- 托儿补助费；
- 差旅费津贴、误餐补助。

在企业所得税方面，根据《国家税务总局关于企业工资薪金及职工福利费扣除问题的通知》(国税函〔2009〕3号),《企业所得税法实施条例》第三十四条所称的“合理工资、薪金”，是指企业按照股东大会、董事会、薪酬委员会或相关管理机构制订的工资、薪金制度规定实际发放给员工的工资、薪金。税务机关在对工资、薪金进行合理性确认时，可按以下原则掌握：

(1)企业制定了较为规范的员工工资、薪金制度；

(2)企业所制定的工资、薪金制度符合行业及地区水平；

（3）企业在一定时期所发放的工资、薪金是相对固定的，工资、薪金的调整是有序进行的；

（4）企业对实际发放的工资、薪金，已依法履行了代扣代缴个人所得税义务；

（5）有关工资、薪金的安排，不以减少或逃避税款为目的。

企业发生的合理的工资、薪金支出，据实扣除。实际发放的工资、薪金不包括企业的职工福利费、职工教育经费、工会经费，以及养老保险费、医疗保险费、失业保险费、工伤保险费、生育保险费等社会保险费和住房公积金。

每月计提时的会计分录如下。

借：管理费用——工资

　　销售费用——工资

　　贷：应付职工薪酬——工资

发放时的会计分录如下。

借：应付职工薪酬——工资

　　贷：银行存款（或其他货币资金）

　　　　其他应收款——社保及公积金

　　　　应交税费——应交个人所得税

　　　　其他应收款——员工个人款项

【案例】

A公司主要销售家具，今年营业收入为10 000万元，成本为5000万元，销售费用为2000万元，管理费用为1000万元。其中，本年计提应付职工薪酬为600万元，企业所得税汇算清缴前实际发放职工薪酬为500万元。

实际发放职工薪酬金额为500万元，企业所得税汇算清缴时可以抵扣的职工薪酬以实际发放薪酬为准，需要调增企业所得税应纳税所得额=600－500=100（万元）。

4. 捐赠支出与赞助支出

对外捐赠表现为无偿地将自己的财产送给相关利益人，捐赠资产包括现金资产和非现金资产。

捐赠支出的常见涉税问题如下：

（1）捐赠的是货物、劳务时，不论自产的、委托加工的还是外购的，均视同销售计算增值税；

（2）捐赠的是自产的应税消费品，要视同销售，计算消费税；

（3）捐赠的是土地使用权、不动产，要视同销售，计算增值税；

（4）在计算所得税时，捐赠支出受捐赠途径、捐赠对象、捐赠金额的限制。

根据《财政部 税务总局 民政部关于公益性捐赠税前扣除有关事项的公告》（财政部 税务总局 民政部公告 2020 年第 27 号），企业或个人通过公益性社会组织、县级以上人民政府及其部门等国家机关，用于符合法律规定的公益慈善事业捐赠支出，准予按税法规定在计算应纳税所得额时扣除。

《中华人民共和国企业所得税法》（以下简称《企业所得税法》）第九条规定："企业发生的公益性捐赠支出，在年度利润总额 12% 以内的部分，准予在计算应纳税所得额时扣除；超过年度利润总额 12% 的部分，准予结转以后三年内在计算应纳税所得额时扣除。"

赞助支出是指非广告性质的各种赞助。

根据《企业所得税法》第十条的规定，《企业所得税法》第九条规定以外的捐赠支出及赞助支出在计算应纳税所得额时不得扣除。

综上所述，捐赠支出与赞助支出的税务处理如下：

（1）赞助支出视同销售；

（2）捐赠支出：非公益性捐赠不能扣除，公益性捐赠可以按规定全额或限额扣除。

5. 罚金、罚款和被没收财物的损失

罚金、罚款和被没收财物的损失在计算企业所得税应纳税所得额时不得扣除。假设A公司在某年因为漏申报被税务机关罚款2000元，那么在企业所得税汇算清缴时，A公司需要针对这笔罚款调增应纳税所得额。

6. 保险费用

（1）为职工缴纳的“五险一金”。企业依照国务院有关主管部门或者省级人民政府规定的范围和标准为职工缴纳的基本养老保险费、基本医疗保险费、失业保险费、工伤保险费、生育保险费等基本社会保险费和住房公积金，准予扣除。

（2）补充养老保险和补充医疗保险。根据《财政部 国家税务总局关于补充养老保险费补充医疗保险费有关企业所得税政策问题的通知》（财税〔2009〕27号），自2008年1月1日起，企业根据国家有关政策规定，为在本企业任职或者受雇的全体员工支付的补充养老保险费、补充医疗保险费，分别在不超过职工工资总额5%标准内的部分，在计算应纳税所得额时准予扣除；超过的部分，不予扣除。

（3）企业财产保险。企业参加财产保险，按照规定缴纳的保险费，准予扣除。

（4）为特殊工种职工支付的法定人身安全保险。企业依照国家有关规定为特殊工种职工支付的人身安全保险费，可以扣除。

（5）商业保险费。除企业依照国家有关规定为特殊工种职工支付的人身安全保险费和国务院财政、税务主管部门规定可以扣除的其他商业保险费（强制险，如航空意外险）外，企业为投资者或者职工支付的商业保险费，根据《财政部 税务总局 保监会关于将商业健康保险个人所得税试点政策推广到全国范围实施的通知》（财税〔2017〕39号），自2017年7月1日起，对个人购买符合规定的商业健康保险产品的支出，允许在当年（月）计算应纳税所得额时予以税前扣除，扣除限额为2400元/年（200元/月）；单位统一为员工购买符合规定的商业健康保险产品的支出，应分别计入员工个人工资、薪金，视同个人购买，按上述限额予以扣除。2400元/年（200元/月）的限额扣除为个人所得税法规定减除费用标准之外的扣除。

（6）其他保险。企业职工因公出差乘坐交通工具发生的人身意外保险费支出，准予企业在计算应纳税所得额时扣除。保险公司开办的一年期以上人身保险产品取得的保费收入免征增值税，除此之外的保险费可以开具增值税专用发票。电商平台上的运费险可以开具发票并进行抵扣。

7. 住房公积金

单位和个人分别在不超过职工本人上一年度月平均工资12%的幅度内实际缴存的住房公积金，允许在个人应纳税所得额中扣除。单位和职工个人缴存住房公积金的月平均工资不得超过职工工作地所在设区城市上一年度职工月平均工资的三倍，具体标准按照各地有关规定执行。

单位和个人超过上述规定比例和标准缴付的住房公积金，应将超过部分并入个人当期的工资、薪金收入，计征个人所得税。

8. 职工福利费支出

（1）企业职工福利费的具体内容如下。

① 尚未实行分离办社会职能的企业，其内设福利部门所发生的设备、设施和人员费用，包括职工食堂、职工浴室、理发室、医务所、托儿所、疗养院等集体福利部门的设备、设施及维修保养费用和福利部门工作人员的工资、薪金，社会保险费，住房公积金，劳务费等。

② 为职工卫生保健、生活、住房、交通等发放的各项补贴和非货币性福利，包括企业向职工发放的因公外地就医费用、未实行医疗统筹企业职工医疗费用、职工供养直系亲属医疗补贴、供暖费补贴、职工防暑降温费、职工困难补贴、救济费、职工食堂经费补贴、职工交通补贴等。

③ 按照其他规定发生的其他职工福利费，包括丧葬补助费、抚恤费、安家费、探亲假路费等。

（2）列入企业员工工资、薪金制度，固定与工资薪金一起发放的福利性补贴，符合合理性规定的，可作为企业发生的工资、薪金支出，按规定在税前扣除。不能同时符合上述条件的福利性补贴，应作为职工福利费，按规定计算限额税前扣除。

（3）企业因雇用季节工、临时工、实习生，返聘离退休人员及接受外部劳务派遣用工所实际发生的费用，应区分为工资、薪金支出和职工福利费支出，并按规定在企业所得税前扣除。

（4）企业发生的职工福利费支出，不超过工资、薪金总额14%的部分，准予扣除。

计提工资时的会计分录如下。

借：管理费用（或销售费用）

　　贷：应付职工薪酬——职工福利费

实发工资时的会计分录如下。

借：应付职工薪酬——职工福利费

　　贷：银行存款

【案例】

A公司主要销售家具，今年营业收入为10 000万元，成本为5000万元，销售费用为2000万元，管理费用为1000万元。其中，本年计提应付职工薪酬为600万元，企业所得税汇算清缴前实际发放职工薪酬为500万元，本年福利费为84万元。

福利费抵扣金额=500×14%=70（万元）。

需要调增企业所得税应纳税所得额=84−70=14（万元）。

9. 车辆费

购买新车，按固定资产入账时，计入固定资产的有买价、注册登记费、车辆购置税、其他装饰费用，计入管理费用的有保险费、车船使用税。

公司车辆使用费包含下列项目：

（1）车辆的各种保险费用；

（2）车辆保养和维修费用；

（3）车辆加油费用；

（4）车辆过路费用；

（5）车辆停车费；

（6）车辆其他人员管理费用。

公司租用个人车辆并签订租赁协议、开具租赁发票的，如果相关费用符合市场公允价值，可以在所得税缴税前列支；如果不符合市场公允价值，税务机关有权核定。

个人出租车辆的，需要缴纳增值税、城市维护建设税、教育费附加、地方教育费附加，按财产租赁所得缴纳个人所得税，按财产租赁合同缴纳印花税。

如果员工将车辆无偿提供给企业使用，企业以报销方式承担实际发生的相关费用，那么员工不需要缴纳个人所得税；如果员工将车辆无偿出租给企业，双方签订出租合同，车辆由公司支配使用，那么员工应按财产租赁所得缴纳个人所得税；如果员工私车公用，企业按月发放一定金额的费用，那么员工应按工资、薪金所得缴纳个人所得税。

10. 研发费用

按照相关规定，企业可以加计扣除的研发费用如下。

（1）人员人工费用。直接从事研发活动的人员的工资、薪金，基本养老保险费，基本医疗保险费，失业保险费，工伤保险费，生育保险费和住房公积金，以及外聘研发人员的劳务费用。

（2）直接投入费用。

① 研发活动直接消耗的材料、燃料和动力费用。

② 用于中间试验和产品试制的模具、工艺装备开发及制造费，不构成固

定资产的样品、样机及一般测试手段购置费，试制产品的检验费。

③ 用于研发活动的仪器、设备的运行维护、调整、检验、维修等费用，以及通过经营租赁方式租入的用于研发活动的仪器、设备租赁费。

（3）折旧费用。用于研发活动的仪器、设备的折旧费。

（4）无形资产摊销。用于研发活动的软件、专利权、非专利技术（包括许可证、专有技术、设计和计算方法等）的摊销费用。

（5）新产品设计费、新工艺规程制定费、新药研制的临床试验费、勘探开发技术的现场试验费。

（6）其他相关费用。与研发活动直接相关的其他费用，如技术图书资料费、资料翻译费、专家咨询费、高新科技研发保险费，研发成果的检索、分析、评议、论证、鉴定、评审、评估、验收费用，知识产权的申请费、注册费、代理费，差旅费、会议费等。此项费用总额不得超过可加计扣除研发费用总额的10%。

（7）财政部和国家税务总局规定的其他费用。

不适用税前加计扣除政策的行业如下：

- 烟草制造业；
- 住宿和餐饮业；
- 批发和零售业；
- 房地产业；
- 租赁和商务服务业；
- 娱乐业；
- 财政部和国家税务总局规定的其他行业。

上述行业的具体范围以《国民经济行业分类》（GB/4754-2011）为准，并随之更新。

上述七个行业企业是指以列举行业业务为主营业务，其研发费用发生当年的主营业务收入占企业按《企业所得税法》第六条规定计算的收入总额减除不征税收入和投资收益的余额 50%（不含）以上的企业。

5.3.2 电商企业常见费用及特殊情况的处理方式

下面主要以天猫平台为例介绍电商企业常见费用。

1. 推广费用

推广费用主要包括直通车、钻展、分享＋、淘宝客、极速推（淘宝店）、超级推荐等。

天猫店铺的聚划算、钻展、直通车等促销费用是为了保证店铺流量的提升，最终形成销售而产生的推广费用。

预付费用时的会计分录如下。

借：预付账款——天猫平台

　　贷：其他货币资金——支付宝

（1）账务处理。卖家可在后台向天猫平台申请促销费用发票，收到后对相关费用进行处理。会计分录如下。

借：销售费用——运营费用（聚划算）

　　销售费用——广告宣传费（钻展）

　　销售费用——软件服务费（或广告宣传费，直通车）

　　应交税费——应交增值税（进项税额）

　　贷：预付账款——天猫平台

（2）余额查询。在“账房”或“我要推广”页面可以查到直通车余额，建议会计人员使用“账房”页面中的余额作为财务数据，消费金额以发票为准，查询结果如图 5-1 所示。

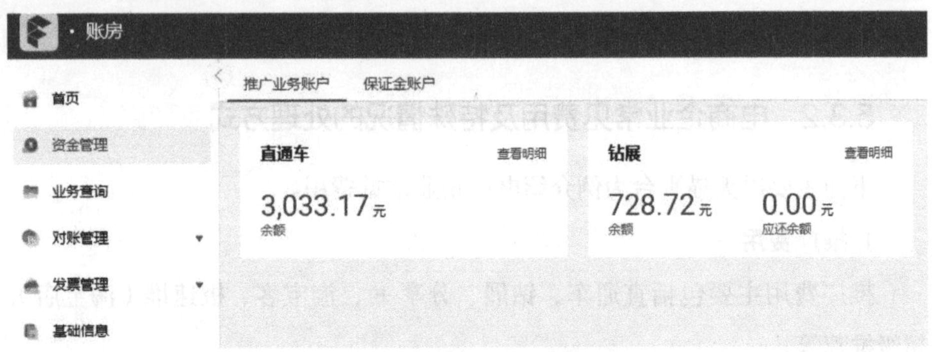

图 5-1　直通车余额查询结果

（3）发票。发票申请路径："账房"—"发票管理"—"申请发票"。

淘宝问答页面中的解析直通车是按点击付费的营销推广工具，买家搜索关键词展现匹配宝贝的推广方式能够将宝贝精准地展现给有相应需求的消费者，带来大量的精准流量。

钻展是明确的广告行为。会计分录如下。

借：销售费用——广告宣传费

　　贷：其他货币资产（或银行存款）

天猫店铺的淘宝客佣金是指客户通过淘宝客（中介性质）进入店铺，最终完成交易，商家给予淘宝客交易金额一定比例的返点，一般在交易完成后一周内从支付宝余额中扣减。会计分录如下。

借：销售费用——广告宣传费（淘宝客）

　　贷：其他货币资金——支付宝

2. 平台扣费

平台扣费主要包括天猫佣金、积分返点、聚划算扣费、淘抢购扣费、淘金币等。

以天猫佣金为例，假设天猫平台按卖家销售额的 5% 收取佣金，并在支付宝货款里扣除，次月 10 日左右由卖家向天猫平台申请开票，作为费用支出的证明。

（1）支付天猫佣金时，以支付宝月结账单或支付宝结算电子回单为凭据。会计分录如下。

借：销售费用——平台扣点（天猫佣金）

其他应收款——天猫佣金暂付款

贷：其他货币资金——支付宝

（2）次月收到天猫开具的佣金发票时，计入费用，冲减预付账款。会计分录如下。

借：应交税费——应交增值税（进项税额）

贷：其他应收款——天猫佣金暂付款

（3）发票申请路径："账房"—"发票管理"—"申请发票"。

注意：5月31日后无法开具上一年度的天猫佣金发票，卖家应及时开票。

3. 营销工具类费用

营销工具主要包括超级店长、美折、赤兔、生意参谋、淘宝旺铺、无线模板、省油宝等。下面以超级店长（普票）为例进行说明。

（1）购置时，凭支付凭证与发票入账。会计分录如下。

借：销售费用——营销工具

贷：其他货币资金——支付宝

（2）发票取得方式：在服务市场中与软件提供商人工客服联系。

4. 保险类费用

保险主要包括运费险、保无忧、质量保障险、保证金计划、大件售后保障险等。下面以运费险为例进行说明。

（1）运费险实际发生时，按销售费用核算。会计分录如下。

借：销售费用——运费险等

贷：其他货币资金——支付宝

（2）发票申请路径："商家中心"—"商家保障"—"申请发票"。

5. 财务手续费

手续费主要包括信用卡、花呗、分期付款、支付宝手续费等。

买家在店铺里买东西会产生信用卡、花呗、分期付款、支付宝手续费及支付宝网银钱包的提现费用等，这些费用一般被视为财务费用，但也有人将其当作销售费用核算。

（1）账务处理。会计分录如下。

借：财务费用——手续费

　　应交税费——应交增值税（进项税额）

　　贷：其他货币资金——支付宝

（2）发票申请路径："商家中心"—"对账中心"—"发票管理"。

淘宝贷款由浙江网商银行股份有限公司提供，主要有订单贷款、随借随还、等本贷款、按月付息、组合贷款、信用贷款六种。下面以最常见的订单贷款为例进行说明。

（1）订单贷款以已发货未到账的货款为基础发放，由阿里巴巴集团控股的小额贷款公司提供贷款资金。

（2）发票取得方式：在淘宝贷款的后台没有申请淘宝贷款发票的入口，如果用户需要发票，只能拨打客服电话95188，支付宝客服会向用户发送一个链接，用户需要自行上传相关资料，手续比较烦琐。

取得贷款时，根据贷款合同与支付宝到账回单入账。会计分录如下。

借：其他货币资金——支付宝

　　贷：短期借款——淘宝贷款

用订单贷款归还贷款时，根据支付宝还款记录与回单入账。会计分录如下。

借：短期借款——淘宝贷款

　　财务费用——利息

　　贷：其他货币资金——支付宝

6. 其他线上费用

其他线上费用主要包括公益宝贝、商家理赔、丢货损失等。下面以公益宝贝为例进行说明。

（1）按相关税法规定，在本年利润 12% 的范围内，公益宝贝金额可以在缴纳企业所得税前扣除，计入营业外支出。

（2）公益宝贝金额不满 100 元的，一般不开具捐赠发票。

（3）发票申请路径："淘宝公益"—"公益宝贝捐赠票据"（页面最下方）。

（4）账务处理：根据支付宝捐款记录与捐款发票入账。会计分录如下。

借：营业外支出

　　贷：其他货币资金——支付宝

7. 软件服务费

软件服务费以自然年为结算周期，按自然年内经营期间计算缴纳金额和折扣优惠条件达成情况。经营期间不考量商家是否实际经营，在自然年内《天猫商户服务协议》约定的服务期（包括店铺限权、监管等状态期间）内，在未提前终止服务的情况下，自服务实际开通日起算至当年 12 月 31 日。未到期提前终止的，按终止之日计算。

商家在天猫经营必须缴纳软件服务年费，年费金额根据商家经营的一级类目确定，主要分为人民币 3 万元、6 万元两档，各一级类目对应的年费标准详见《天猫各类目年费软件服务费一览表》。

商家缴纳的软件服务年费在次年的 1 ~ 2 月或商家退出时结算，返还金额根据商家实际经营情况确定。

在年费结算前，平台不开具发票。如有需要，用户可以向平台申请技术年费收据。在年费结算后，未进行百分之百返还的，可以在次月 11 日后通过"账房"页面中的"发票管理"申请技术年费发票，发票金额为本次扣款金额。

支付软件服务年费时的会计分录如下。

借：预付账款——软件服务年费

　　贷：银行存款（或其他货币资金）

第二年满足条件后返还费用时的会计分录如下。

借：银行存款（或其他货币资金）

　　贷：预付账款——软件服务年费

未满足条件、不返还费用时的会计分录如下。

借：销售费用——运营费用

　　应交税费——应交增值税（进项税额）

　　贷：预付账款——软件服务年费

8. 店铺保证金

卖家在天猫平台上经营必须缴存保证金，保证金主要用于保证卖家按照《天猫服务协议》及天猫平台的其他规则经营，以及商家违规时根据《天猫服务协议》及相关规则向天猫及消费者支付违约金。

续约卖家须在规定时间内一次性缴存次年保证金，新签卖家在申请入驻审核通过后一次性缴存当年保证金。天猫店铺保证金明细及标准详见《天猫店铺保证金标准》。

缴纳店铺保证金时的会计分录如下。

借：其他应收款——平台保证金

　　贷：其他货币资金（或银行存款）

扣费（无发票，只有电子收据）时的会计分录如下。

借：销售费用——平台罚款

　　贷：其他应收款——平台保证金

补缴店铺保证金时的会计分录如下。

借：其他应收款——平台保证金

　　贷：其他货币资金（或银行存款）

9. 无发票费用的处理方式

（1）好评返现。平时做好返现台账，直接计入销售费用。

（2）丢货再发或破损再发。平时做好丢货再发的流水台账，包括丢货以后协商聊天记录截图、物流发货清单等相关证据；发生时，货物成本直接计入主营业务成本，物流费用计入销售费用。

10. 发票滞后的三种处理方式

下面以直通车为例进行说明。

（1）先计入“其他应收款——暂付款（直通车）”；支付时，根据直通车账房月汇总的消耗记录等进行账务处理。会计分录如下。

借：其他应收款——暂付款（直通车）

贷：其他货币资金——直通车余额

收到发票时的会计分录如下。

借：销售费用——直通车

应交税费——应交增值税（进项税额）

贷：其他应收款——暂付款（直通车）

（2）直接计入费用，收到发票后贴到凭证里，次月10日左右申请发票；支付时，根据直通车账房月汇总的消耗金额进行账务处理。会计分录如下。

借：销售费用——直通车

应交税费——应交增值税（进项税额）

贷：其他货币资金——直通车余额

收到发票时不进行账务处理，只需要将发票贴到原来的凭证后面（因为汇算清缴是一年一次，隔月没关系），这样做的好处是本月利润更真实，有利于财务分析。

（3）先预提费用，即按账房或支付宝付款额，先计入“销售费用——预提费用（直通车）”；支付时，根据直通车账房月汇总的消耗金额进行账务处理。

会计分录如下。

借：销售费用——直通车
　　其他应收款——暂付款（直通车）
　　贷：其他货币资金——直通车余额

收到发票时，冲减预提费用。这样做的好处也是本月利润更真实，而且符合“实质重于形式”的原则。会计分录如下。

借：应交税费——应交增值税（进项税额）
　　贷：其他应收款——暂付款（直通车）

5.4 资产环节财税合规管控

企业资产是企业所拥有的各种财产和债权及其他各种权利的总称，一般包括固定资产、无形资产、股权投资类资产和费用类资产（如长期待摊费用等）。不同的资产有不同的定义及不同的核算方式。

5.4.1 常见资产种类

常见的企业资产有固定资产、无形资产、无形资产研发、长期待摊费用、长期股权投资等，下面逐一介绍。

1. 固定资产

固定资产是指企业为生产产品、提供劳务、出租或经营管理而持有的，使用时间超过12个月的非货币性资产，包括房屋、建筑物、机器、机械、运输工具及其他与生产经营活动有关的设备、器具、工具等。

根据《企业所得税法实施条例》第五十八条的规定，固定资产按照以下方法确定计税基础：

（1）外购的固定资产，以购买价款和支付的相关税费以及直接归属于使该资产达到预定用途发生的其他支出为计税基础；

（2）自行建造的固定资产，以竣工结算前发生的支出为计税基础；

（3）融资租入的固定资产，以租赁合同约定的付款总额和承租人在签订租赁合同过程中发生的相关费用为计税基础，租赁合同未约定付款总额的，以该资产的公允价值和承租人在签订租赁合同过程中发生的相关费用为计税基础；

（4）盘盈的固定资产，以同类固定资产的重置完全价值为计税基础；

（5）通过捐赠、投资、非货币性资产交换、债务重组等方式取得的固定资产，以该资产的公允价值和支付的相关税费为计税基础；

（6）改建的固定资产，除《企业所得税法》第十三条第（一）项和第（二）项规定的支出外，以改建过程中发生的改建支出增加计税基础。

【案例】

A 公司为新办公室采购了一批计算机，含税价款为 33.9 万元，含税运费为 2120 元。A 公司聘请了一位临时工安装计算机，费用为 300 元。A 公司把这批计算机定义为固定资产，分 5 年折旧。

这批计算机计价 =339 000 ÷ 1.13+2120 ÷ 1.06+300=302 300（元）。

每月折旧额 =302 300 ÷（5 × 12）=5038.33（元）。

根据《企业所得税法》第三十二条及《企业所得税法实施条例》第九十八条的规定，固定资产由于以下原因确需加速折旧的，可以缩短折旧年限或者采取加速折旧的方法：

（1）由于技术进步，产品更新换代较快的；

（2）常年处于强震动、高腐蚀状态的。

2. 无形资产

无形资产是指企业为生产产品、提供劳务、出租或经营管理而持有的，没有实物形态的非货币性长期资产，包括专利权、商标权、著作权、土地使用权、非专利技术、商誉等。

无形资产按照以下方法确定计税基础：

（1）外购的无形资产，以购买价款和支付的相关税费及直接归属于使该资产达到预定用途发生的其他支出为计税基础；

（2）自行开发的无形资产，以开发过程中该资产符合资本化条件后至达到预定用途前发生的支出为计税基础；

（3）通过捐赠、投资、非货币性资产交换、债务重组等方式取得的无形资产，以该资产的公允价值和支付的相关税费为计税基础。

3. 无形资产研发

无形资产研发费用支出的处理方式如图 5-2 所示。

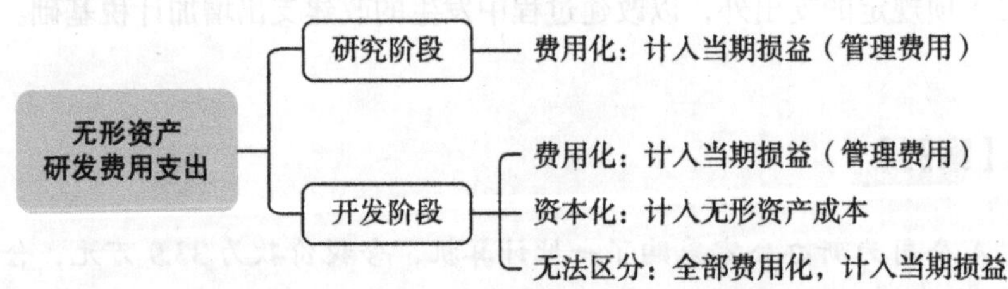

图 5-2　无形资产研发费用支出的处理方式

（1）研究阶段的研发支出当作管理费用，计入当期损益。会计分录如下。

借：研发支出——费用化支出

　　贷：银行存款

　　　　应付职工薪酬

　　　　累计折旧

　　　　累计摊销

月底做账务处理时的会计分录如下。

借：管理费用——研发费用

　　贷：研发支出——费用化支出

（2）开发阶段的研发支出有两种处理方式，分别如下。

- 费用化：当作管理费用，计入当期损益（参照研究阶段）。

- 资本化：计入无形资产成本。会计分录如下。

借：研发支出——资本化支出

　　贷：银行存款

　　　　应付职工薪酬

　　　　累计折旧

　　　　累计摊销

（3）开发完成，无形资产进入可使用状态，还要做相应的账务处理。会计分录如下。

借：无形资产——×××

　　贷：研发支出——资本化支出

若无法区分是费用化支出还是资本化支出，则全部费用化（参照研究阶段）。

4. 长期待摊费用

在计算应纳税所得额时，企业发生的下列支出作为长期待摊费用，按照规定摊销的，准予扣除：

- 已足额提取折旧的固定资产的改建支出；
- 租入固定资产的改建支出；
- 固定资产的大修理支出；
- 其他应当作为长期待摊费用的支出。

相关规定如下。

（1）《企业所得税法》第十三条第（一）项和第（二）项所称固定资产的改建支出，是指改变房屋或者建筑物结构、延长使用年限等发生的支出。《企业所得税法》第十三条第（一）项规定的支出，按照固定资产预计尚可使用年限分期摊销；第（二）项规定的支出，按照合同约定的剩余租赁期限分期摊销。改建的固定资产延长使用年限的，除《企业所得税法》第十三条第（一）

项和第（二）项规定外，应当适当延长折旧年限。

（2）《企业所得税法》第十三条第（三）项所称固定资产的大修理支出，是指同时符合下列条件的支出：

- 修理支出达到取得固定资产时的计税基础 50% 以上；
- 修理后固定资产的使用年限延长 2 年以上。

（3）《企业所得税法》第十三条第（三）项规定的支出，按照固定资产尚可使用年限分期摊销。

（4）《企业所得税法》第十三条第（四）项所称其他应当作为长期待摊费用的支出，自支出发生月份的次月起，分期摊销，摊销年限不得低于 3 年。

5. 长期股权投资

长期股权投资是指通过投资取得被投资企业的股份并长期持有。长期股权投资的主要目的是控制被投资企业，或者对被投资企业施加重大影响，或者与被投资企业建立密切关系，以分散经营风险。

可用于长期股权投资的财产及涉及的税费如下。

（1）货币性资产。以货币性资产进行投资，不需要缴税。

（2）非货币性资产。非货币性资产是指现金、银行存款等货币性资产以外的资产，包括股权、不动产、技术发明成果及其他形式的非货币性资产。以非货币性资产进行投资，涉及的税费有企业所得税、增值税、城市维护建设税、教育费附加、地方教育费附加、土地增值税、印花税等。

5.4.2 电商企业常见资产涉税问题

电商企业经常涉及的资产主要有无形资产和长期股权投资。其中，无形资产包括商标权、专利权、著作权等，长期股权投资则涉及全资子公司、分公司、控股公司等。这些资产在购入、处置、变现等环节都会涉税，下面逐一介绍。

1. 无形资产

无形资产就是不具备实物形态但能带来经济利益的资产。

商誉在会计上不属于无形资产，但在税法上属于无形资产。电商企业购入的财务软件、运营部门使用的商业智能软件等可以在账务上确定为无形资产。

使用寿命不确定的无形资产不需要摊销。使用寿命有限的无形资产应以成本减去累计摊销额和累计减值损失后的余额进行后续计量。

在税法中，销售无形资产的情形主要如下。

（1）销售无形资产是指转让无形资产所有权或使用权的业务活动。可用于销售的无形资产主要包括以下几种：

- 技术，包括专利技术和非专利技术；
- 自然资源使用权，包括土地使用权、海域使用权、探矿权、采矿权、取水权和其他自然资源使用权；
- 其他权益性无形资产，包括基础设施资产经营权、公共事业特许权、配额、经营权（包括特许经营权、连锁经营权、其他经营权）、经销权、分销权、代理权、会员权、席位权、网络游戏虚拟道具、域名、名称权、肖像权、冠名权、转会费等。

（2）转让商标权和店铺使用权，属于销售其他权益性无形资产。一般纳税人适用6%税率，小规模纳税人适用3%征收率。根据《财政部 国家税务总局关于增值税小规模纳税人减免增值税政策的公告》（财政部 税务总局公告2023年第19号），月销售额在10万元（含）以下的增值税小规模纳税人免征增值税；增值税小规模纳税人适用3%征收率的应税销售收入，减按1%征收率征收增值税；适用3%预征率的预缴增值税项目，减按1%预征率预缴增值税。

无形资产摊销时的会计分录如下。

借：管理费用（自用无形资产摊销）

其他业务成本（出租无形资产摊销）

制造费用（用于产品生产等的无形资产摊销）

生产成本等（专门用于生产某种产品或其他资产）

贷：累计摊销

出售无形资产时的会计分录如下。

借：银行存款

无形资产减值准备

累计摊销

营业外支出（借方差额）

贷：无形资产

应交税费——应交增值税（销项税额）

营业外收入（贷方差额）

2. 店群模式下公司的账务处理

很多电商企业采用店群模式（多平台或多店铺），也就是一个股东或多个股东成立一家公司，由这家公司作为母公司控股多家子公司。在这种情况下，企业往往需要对长期股权投资及母子公司之间的交易做账务处理。下面对常见的两种模式进行分析。

（1）母公司拥有子公司 50% 以上的股权，或者虽然没有达到 50% 以上，但达到了实际控制。当母公司实际控制子公司时，长期股权投资、母子公司之间交易、子公司分红的账务处理如表 5-4、表 5-5、表 5-6 和表 5-7 所示。

表 5-4 长期股权投资的账务处理（实际控制模式，现金与库存商品）

项目	母公司	子公司
投资时（现金）	借：长期股权投资 管理费用 贷：银行存款（或其他货币资金） 资本公积——股本溢价	借：银行存款 贷：实收资本 资本公积——股本溢价
投资时（库存商品）	借：长期股权投资 贷：主营业务收入 应交税费——应交增值税（销项税额） 借：主营业务成本 贷：库存商品	借：库存商品（或固定资产） 应交税费——应交增值税（进项税额） 贷：实收资本——××× 资本公积——股本溢价

表 5-5　长期股权投资的账务处理（实际控制模式，无形资产与固定资产）

项目	母公司	子公司
投资时（无形资产）	借：长期股权投资 累计摊销 无形资产减值准备 贷：无形资产 应交税费——应交增值税（销项税额） 资本公积——股本或资本溢价	借：银行存款 贷：实收资本 资本公积——股本溢价
投资时（固定资产）	借：固定资产清理 累计折旧 固定资产减值准备 贷：固定资产 借：长期股权投资 贷：固定资产清理 应交税费——应交增值税（销项税额） 资本公积——股本（或资本溢价）	借：库存商品或固定资产 应交税费——应交增值税（进项税额） 贷：实收资本——××× 资本公积——股本溢价

表 5-6　母子公司之间交易的账务处理

母子公司之间的交易	母公司	子公司
母公司向子公司出售资产	借：银行存款 贷：主营业务收入 应交税费——应交增值税（销项税额）	借：库存商品 应交税费——应交增值税（进项税额） 贷：银行存款
子公司向母公司出售资产	借：库存商品 应交税费——应交增值税（进项税额） 贷：银行存款	借：银行存款 贷：主营业务收入 应交税费——应交增值税（销项税额）

表 5-7 子公司分红的账务处理

项目	母公司	子公司
子公司分红	宣告时 借：应收股利 贷：投资收益 发放时 借：银行存款 贷：应收股利	宣告时 借：利润分配——应付现金股利 贷：应付股利 借：利润分配——未分配利润 贷：利润分配——应付现金股利 发放时 借：应付股利 贷：银行存款

（2）母公司拥有子公司 20% ~ 50% 的股权，员工拥有子公司 50% 以上的股权，母公司对子公司没有绝对控制权。

当母公司对子公司没有绝对控制权时，长期股权投资的账务处理如表 5-8 和表 5-9 所示。

表 5-8 长期股权投资的账务处理（无绝对控制权模式，现金与库存商品）

项目	母公司	子公司
投资时（现金）	借：长期股权投资 应收股利 贷：银行存款（或其他货币资金）	借：银行存款 贷：实收资本 资本公积——股本溢价
投资时（库存商品）	借：长期股权投资 贷：主营业务收入 应交税费——应交增值税（销项税额） 借：主营业务成本 贷：库存商品	借：库存商品（或固定资产） 应交税费——应交增值税（进项税额） 贷：实收资本——××× 资本公积——股本溢价

表 5-9 长期股权投资的账务处理（无绝对控制权模式，无形资产与固定资产）

项目	母公司	子公司
投资时（无形资产）	借：长期股权投资 累计摊销 无形资产减值准备 贷：无形资产 应交税费——应交增值税（销项税额） 资产处置损益	借：银行存款 贷：实收资本 资本公积——股本溢价

（续表）

项目	母公司	子公司
投资时（固定资产）	借：固定资产清理 累计折旧 固定资产减值准备 贷：固定资产 借：长期股权投资 贷：固定资产清理 应交税费——应交增值税（销项税额） 资产处置损益	借：库存商品（或固定资产） 应交税费——应交增值税（进项税额） 贷：实收资本——××× 资本公积——股本溢价

当母公司实际控制子公司时，在权益法下，母子公司需要对顺流和逆流进行调整。投资方与联营公司及合营公司之间发生的未实现内部交易损益，无论顺流还是逆流，都需要按照应享有的比例计算归属于投资方的部分，予以抵销，再在此基础上确认投资损益。母子公司之间顺流交易的账务处理如表 5-10 所示。

表 5-10　母子公司之间顺流交易的账务处理

母子公司之间的交易	母公司	子公司
母公司向联营、合营公司出售资产（顺流交易）	交易时 借：银行存款 贷：主营业务收入 应交税费——应交增值税（销项税额） 年底联营、合营公司确认净利润时 借：长期股权投资——损益调整 贷：投资收益	借：库存商品 应交税费——应交增值税（进项税额） 贷：银行存款

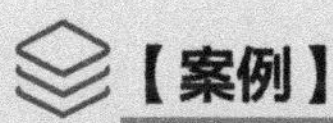【案例】

A 公司拥有 B 公司 20% 的具备表决权的股份，能够对 B 公司施加

重大影响。12月，A公司向B公司销售价格为1000万元的商品，成本为600万元，B公司未向外出售这批货物。年底，B公司实现利润1000万元。

A公司通过这批货物实现销售利润400万元，B公司没有对外出售这批货物，因此400万元的20%是A公司持有的对联营企业的权益份额，在采用权益法计算投资损益时应予抵销，A公司对B公司的长期股权投资在年末时要做相应的账务处理。

确认的长期股权投资收益=1000×20%=200（万元）。

抵销调整金额=（1000−600）×20%=80（万元）。

抵销调整后的长期股权投资收益=200−80=120（万元）。

会计分录如下。

借：长期股权投资——损益调整　120

　　贷：投资收益　120

母子公司之间逆流交易、子公司分红的账务处理如表5-11和表5-12所示。

表5-11　母子公司之间逆流交易的账务处理

母子公司之间的交易	母公司	子公司
联营、合营公司向母公司出售资产（逆流交易）	交易时 借：库存商品 　　应交税费——应交增值税（进项税额） 　　贷：银行存款 年底联营、合营公司确认净利润时 借：长期股权投资——损益调整 　　贷：投资收益	借：银行存款 　　贷：主营业务收入 　　　　应交税费——应交增值税（销项税额）

表 5-12 子公司分红的账务处理

项目	母公司	子公司
年底确认投资收益	按照子公司盈利状况（无顺流、逆流交易时，可按子公司年底利润 × 占股比例计算）确认投资收益 借：长期股权投资——损益调整 贷：投资收益	—
子公司分红	宣告时 借：应收股利 贷：长期股权投资——损益调整 发放时 借：银行存款 贷：应收股利	宣告时 借：利润分配——应付现金股利 贷：应付股利 借：利润分配——未分配利润 贷：利润分配——应付现金股利 发放时 借：应付股利 贷：银行存款

【案例】

A 公司拥有 B 公司 20% 的具有表决权的股份，能够对 B 公司施加重大影响。本年度，B 公司向 A 公司销售价格为 1000 万元的商品，成本为 600 万元。年底，A 公司对外销售其中的 60%。年底，B 公司实现利润 1000 万元。

A 公司对 B 公司的长期股权投资在年末时要做相应的账务处理。

确认的长期股权投资收益 =1000 × 20%=200（万元）。

抵销调整金额 =（1000−600）× 40% × 20%=32（万元）。

抵销调整后的长期股权投资收益 =200−32=168（万元）。

会计分录如下。

借：长期股权投资——损益调整　　168

　　贷：投资收益　　168

第 6 章

主播和直播带货合规

6.1 主播及直播公司同样需要合规

目前大部分电商企业对直播带货或多或少都有所了解，那么主播及直播公司如何做到合规呢？我们首先来看看直播行业受哪些部门监督，以及相关的法律法规有哪些。

6.1.1 直播行业受哪些部门的监管

直播带货是近年来兴起的一种新业态，无疑是现在最受欢迎的卖货模式之一。直播带货的门槛很低，各类人群都可以参与。例如，刚毕业的大学生暂时没有找到合适的工作，完全可以通过直播带货创造收益。再如，很多种植水果的果农也通过直播的方式销售自己种的水果。

不过，很多带货主播都没有申报缴纳税款的意识，甚至有些主播故意偷逃税。例如，某知名主播因偷逃税被罚数亿元，这个金额十分惊人，这次处罚让大众知道有些主播的收入非常高。

目前直播行业受哪些部门的监管呢？根据 2021 年 4 月 23 日发布的《网络直播营销管理办法（试行）》（见图 6-1），目前直播行业受 7 个部门的监管，分别是国家互联网信息办公室、公安部、商务部、文化和旅游部、国家税务总局、国家市场监督管理总局、国家广播电视总局。

该办法第二条规定，从事网络直播营销活动，属于《电子商务法》规定的“电子商务平台经营者”或“平台内经营者”定义的市场主体，应当依法履行相应的责任和义务。

图 6-1 网络直播营销管理办法（试行）

6.1.2 《关于进一步规范网络直播营利行为促进行业健康发展的意见》

为进一步规范网络直播营利行为，促进网络直播行业规范健康发展，国家互联网信息办公室、国家税务总局、国家市场监督管理总局联合印发《关于进一步规范网络直播营利行为促进行业健康发展的意见》（以下简称《意见》）。

《意见》的主要内容如下。

1. 各平台每半年上报数据

网络直播平台应当每半年向所在地省级网信部门、主管税务机关报送存在网络直播营利行为的网络直播发布者个人身份、直播账号、网络昵称、取酬账户、收入类型及营利情况等信息。

2. 严重违法将被永久封号

对违反相关法律法规的网络直播账号，依法依规采取警示提醒、责令限期改正、限制账号功能、暂停账号使用、永久关闭账号、禁止重新注册等处置措施，保存有关记录并按要求及时向有关部门报告。

3. 直播公司必须依法履行代扣代缴义务

网络直播平台、网络直播服务机构应当明确区分和界定网络直播发布者各类收入来源及性质，并依法履行个人所得税代扣代缴义务，不得通过成立网络直播发布者“公会”、借助第三方企业或与网络直播发布者签订不履行个人所得税代扣代缴义务的免责协议等方式，转嫁或者逃避个人所得税代扣代缴义务；不得策划、帮助网络直播发布者实施逃避税。

由此可知，未来主播和直播公司都是重点监管对象，因此一定要合规。

6.2 直播带货的 4 种模式及涉税问题分析

各个平台的直播带货规则不尽相同，下面主要介绍淘宝和抖音这两个平台的区别。直播带货主要有 4 种模式，不同模式下需缴纳税款的计算方式及涉税问题有所不同，下面分别介绍。

6.2.1 淘宝与抖音直播带货的区别

不管在淘宝上还是在抖音上做直播带货，都需要向平台支付服务费。

主播在淘宝上做直播带货，如果是接“V 任务”，那么主播带货佣金 = 商品交易实际成交价格 × 服务费率（即商家设置的带货佣金比例），平台向机构主播收取带货佣金的 30%（个人主播为 40%）作为软件服务费，即机构主播可以拿到带货佣金的 70%（个人主播为 60%）；如果不是接“V 任务”，那么主播可以在线下与商家签订直播带货协议，无须向平台支付服务费。

在抖音上直播带货上必须加入精选联盟，否则无法添加小黄车，平台通常收取带货佣金的 10% 作为技术服务费。

在抖音上以个体工商户的身份与平台合作，应遵守《意见》的规定：网络直播发布者开办的企业和个人工作室，应按照国家有关规定设置账簿，对其原则上采用查账征收方式计征所得税。从 2022 年 9 月 1 日起，个人工作室每次发起提现后，抖音将提现金额的 70% 打款给个体工商户的对公账户并冻结提现金额的 30%；次月，财税服务商代个体工商户完成当期的税金申报和缴纳并为平台开具发票；抖音于每月 20 日将冻结金额打款给个体工商户的对公账户。

直播带货有多种模式，下面按照主播缴纳税种的不同，分别介绍直播带货的 4 种模式。

6.2.2 企业员工直播带货

在企业员工直播带货模式下，主播是企业的员工，应该按照工资、薪金所得计算和缴纳个人所得税。工资、薪金是指个人因任职或受雇而取得的工资、薪金、奖金、提成、劳动分红、津贴、补贴及因任职受雇取得的其他所得等。

工资、薪金是按照 7 级超额累进税率计算个人所得税的，税率范围是 3%～45%，根据所得工资、薪金的数额适用不同的级数（见表 2-9）。计算工资、薪金个人所得税时，每月可以扣除基本减除费用 5000 元、专项扣除（三险一金）、专项附加扣除、符合国家规定的企业年金、职业年金等。

【案例】

某企业员工作为主播，1 月和 2 月均取得工资 20 000 元、提成 10 000 元，每月扣除三险一金 3000 元，该主播 1 月和 2 月分别应缴纳多少个人所得税呢（不考虑专项附加扣除）？

1 月应纳税所得额 =20 000+10 000－5000－3000=22 000（元）。

1 月工资、薪金个人所得税 =22 000 × 3%=660（元）。

2 月应纳税所得额 =（20 000+10 000）× 2－5000 × 2－3000 × 2=44 000（元）。

2 月工资、薪金个人所得税 =44 000 × 10%－2520－660=1220（元）。

上面的案例演示了主播1月和2月个人所得税的计算方法，虽然现在一般都是直接通过个人所得税申报系统申报个人所得税，不需要自己计算，但是财务人员还是应该知道个人所得税的计算方法。

6.2.3 以个人名义直播带货

在以个人名义直播带货模式下，主播不是企业的员工，与企业不存在雇佣关系。主播与委托带货公司（商家）之间的关系是合作关系，主播收入应该按照劳务报酬所得计算和缴纳个人所得税。劳务报酬所得是个人独立从事某种技艺或提供某种劳务而取得的收入，个人与支付所得的单位不存在雇佣关系。个人从事影视、演出、表演、广告、经纪服务及其他劳务取得的收入，应当按照劳务报酬计征个人所得税，由支付方预扣预缴个人所得税。

在劳务报酬预扣预缴环节，应按照3级超额累进税率计算个人所得税，税率范围是20%～40%，根据劳务报酬所得的金额适用不同档位的预扣率和速算扣除数，如表6-1所示。

表6-1 居民个人劳务报酬所得预扣预缴税率表

级数	预扣预缴应纳税所得额	预扣率	速算扣除数
1	不超过20 000元的	20%	0
2	超过20 000元至50 000元的部分	30%	2000
3	超过50 000元的部分	40%	7000

【案例】

小李以个人名义承接某商家的直播带货业务，取得直播带货收入200 000元，小李应缴纳多少个人所得税呢？

劳务报酬所得的扣除标准：每次收入不超过4000元的，减除费用按800元计算；每次收入4000元以上的，减除费用按收入的20%计算。

根据小李直播带货的收入查劳务报酬所得税率表，可以判断其收入属于第三档，预扣率为40%，速算扣除数为7000元。

个人所得税的计算如下：

劳务报酬个人所得税=200 000×（1−20%）×40%−7000=57 000（元）。

注意：目前税务机关针对主播直播带货采用查账征收的方式征收个人所得税。如果主播个人去税务机关代开发票比较频繁或金额较大，那么税务机关会提醒其成立个体工商户。

在以上两种带货模式下取得的所得（工资、薪金所得和劳务报酬所得），都需要在次年的3月1日—6月30日进行个人所得税综合所得汇算清缴。个人可以直接在个人所得税App上进行汇算清缴的操作。个人如果不按时完成个人所得税汇算清缴，税务机关会催报催缴，情节严重的话，个人会被追责。如果该补税却没有补税，不仅会产生每天万分之五的滞纳金，还有可能影响个人征信。

6.2.4 以工作室名义直播带货

主播可以成立个人工作室，工作室一般登记为个体工商户、个人独资企业或合伙企业，取得的收入按照经营所得缴纳个人所得税。主播通常只需要缴纳个人所得税，不会像公司制企业那样面临双重课税（企业要按照应纳税所得额缴纳企业所得税，股东分红的时候还要缴纳20%的个人所得税）。主播成立个人工作室，以工作室名义为商家直播带货是当前很多主播采用的经营方式。

主播成立工作室后，是不是所有的费用支出都能在所得税汇算清缴前扣除呢？答案是否定的。根据相关规定，有些费用支出不能在所得税汇算清缴税前扣除。

个体户、个人独资企业、合伙企业经营所得的不可扣除项目如下：

- 个人所得税税款；

- 税收滞纳金；
- 罚金、罚款和被没收财物的损失；
- 不符合扣除规定的捐赠支出；
- 赞助支出；
- 用于个人和家庭的支出；
- 与取得生产经营收入无关的其他支出；
- 个体工商户业主的工资、薪金支出；
- 个体工商户业主本人或者为从业人员支付的商业保险费；
- 向非金融企业和个人借款的利息支出，超过按照金融企业同期同类贷款利率计算的数额的部分；
- 个体工商户代其从业人员或者他人负担的税款；
- 个体工商户直接对受益人的捐赠。

注意：《个体工商户个人所得税计税办法》第十六条规定："个体工商户生产经营活动中，应当分别核算生产经营费用和个人、家庭费用；对于生产经营与个人、家庭生活混用难以分清的费用，其40%视为与生产经营有关费用，准予扣除。"

根据《财政部 国家税务总局关于印发〈关于个人独资企业和合伙企业投资者个人所得税的规定〉的通知》(财税〔2000〕91号)，个人独资企业和合伙企业投资者及其家庭发生的生活费用与企业生产经营费用混合在一起且难以划分的，全部视为投资者个人及其家庭发生的生活费用，不允许在税前扣除。

经营所得是按照5级超额累进税率计算个人所得税的，税率范围是5%～35%（见表2-11）。计算应缴纳的个人所得税时，先计算应纳税所得额，计算公式为：应纳税所得额＝收入－可扣除的成本及费用。然后，根据计算出来的应纳税所得额适用税率表中不同的税率和速算扣除数。

【案例】

主播小李以工作室名义承接直播带货业务，全年收入为200万元，支付工作室员工工资合计30万元、员工三险一金合计5万元、房租水电办公费等合计20万元。假设小李本人是独生子女，有两个孩子，父母年龄均超过60岁，首套房贷每月支出为3500元。小李应该缴纳多少个人所得税呢？

在上述情况下计算经营所得，需要明确主播是否在其他单位任职受雇，即是否取得其他单位的工资、薪金。如果主播在其他单位任职，那么在计算经营所得时不能再次扣除基本减除费用（5000元/月）、三险一金、专项附加扣除这些费用；如果主播不在其他单位任职，那么在计算经营所得时可以扣除以上费用。

小李在其他单位任职并申报工资个人所得税的情况下，个人所得税计算如下：

个人所得税=（200−30−5−20）×35%−6.55=44.2（万元）。

小李不在其他单位任职的情况下，个人所得税计算如下：

应纳税所得额=200−30−5−20−6−0.2×2×12−0.3×12−0.1×12=129.4（万元）；

个人所得税=129.4×35%−6.55=38.74（万元）。

注意：个人工作室取得的直播收入属于增值税应税收入，需要缴纳增值税及附加税。根据《财政部 国家税务总局关于增值税小规模纳税人减免增值税政策的公告》（财政部 税务总局公告2023年第19号），月销售额在10万元（含）以下的增值税小规模纳税人免征增值税；增值税小规模纳税人适用3%征收率的应税销售收入，减按1%征收率征收增值税；适用3%预征率的预缴增值税项目，减按1%预征率预缴增值税。

如果该工作室登记为个体工商户，那么年应纳税所得额不超过200万元的部分，减半征收个人所得税。个体工商户在享受现行其他个人所得税优惠政策的基础上，可叠加享受此优惠政策。个体工商户不区分征收方式，均可享受。

6.2.5 以公司名义直播带货

主播可以成立公司，以公司名义为商家直播带货。

【案例】

主播小李设立有限责任公司，以公司名义承接直播带货业务，全年不含税收入为400万元，支付公司员工工资合计180万元、三险一金合计30万元、房租水电办公费等合计50万元，缴纳城建税及附加合计1.44万元。该公司应该缴纳多少增值税和企业所得税呢（假设该公司是一般纳税人，属于小型微利企业）？

应缴增值税=400×6%=24（万元）。

应纳税所得额=400−180−30−50−1.44=138.56（万元）。

应缴企业所得税=138.56×5%=6.928（万元）。

根据《财政部 税务总局关于进一步实施小微企业所得税优惠政策的公告》（财政部 税务总局公告2022年第13号），从事国家非限制和禁止行业，同时符合年度应纳税所得额不超过300万元、从业人数不超过300人、资产总额不超过5000万元等三个条件的企业可认定为小型微利企业。小型微利企业年应纳税所得额超过100万元但不超过300万元的部分，减按25%计入应纳税所得额，按20%的税率缴纳企业所得税。也就是说，应纳税所得额在300万元以内时，实际税负率只有5%。

小型微利企业无论按查账征收方式还是按核定征收方式缴纳企业所得税，均可享受上述优惠政策。

6.2.6 4种模式下主播的涉税问题

如果主播是企业员工，那么企业应该与主播签订劳动合同，为其缴纳社保、申报个人所得税并履行代扣代缴义务。

如果主播以个人名义跟商家合作，那么主播个人应按照劳务报酬所得缴纳个人所得税并向税务机关申请代开发票，商家可以将发票作为企业所得税税前扣除凭证。

如果主播设立个体工商户、个人独资企业或合伙企业，那么主播个人应按照经营所得缴纳个人所得税。

如果主播设立公司，那么公司应缴纳企业所得税，股东分红时公司应代扣代缴个人所得税。

直播带货中劳动合同与劳务合同涉及的税费如表6-2所示。

表6-2 直播带货中劳动合同与劳务合同涉及的税费

涉及的税费	劳动合同	劳务合同
社保	必须缴纳	无须缴纳
印花税	不缴纳	属于印花税征税范围的，双方均须缴纳
增值税	不缴纳	缴纳
企业所得税	凭工资表可在税前扣除	凭劳务发票进行税前扣除
个人所得税	按工资、薪金所得缴纳个人所得税	按劳务报酬缴纳个人所得税

直播带货的4种模式下主播涉税情况如表6-3所示。

表6-3 直播带货的4种模式下主播涉税情况

直播带货模式	增值税	附加税	企业所得税	个人所得税
企业员工直播带货	不涉及	不涉及	不涉及	按照工资、薪金所得缴纳
以个人名义直播带货	按照经纪代理服务缴纳，适用小规模纳税人的规定	无须缴纳	不涉及	按照劳务报酬所得缴纳

（续表）

直播带货模式	增值税	附加税	企业所得税	个人所得税
以工作室名义直播带货	按照经纪代理服务缴纳	必须缴纳	不涉及	按照经营所得缴纳
以公司名义直播带货	按照经纪代理服务缴纳	必须缴纳	必须缴纳	股东分红时，公司代扣代缴

6.2.7 主播直播带货收入及相关税费

主播直播带货收入及相关费用主要如下。

（1）销售返佣：根据直播销售额的一定比例计算。

（2）坑位费：让商品出现在直播间所需支付的费用，金额通常与主播的知名度相关。

（3）粉丝打赏：粉丝在直播平台充值后向主播赠送的虚拟礼物（具有一定的价值）。

【案例】

主播小李为某商家直播带货，销售额为100万元，按照主播与商家的约定，销售佣金为15万元，主播需要按照10%的比例支付平台服务费1.5万元，坑位费为3万元，粉丝打赏为2万元（与直播平台五五分成），主播小李的收入是多少？应该缴纳哪些税？分别缴纳多少？

主播收入=15+3+2×50%=19（万元）。

如果主播以个人名义直播带货，那么应按照劳务报酬所得缴纳个人所得税。

个人所得税=19×（1−20%）×40%−0.7=5.38（万元）。

如果主播以工作室名义直播带货，那么应按照经营所得缴纳个人所得税。

个人所得税=19×20%−1.05=2.75（万元）。

如果主播以公司名义直播带货，那么应缴纳企业所得税（假设适用25%税率）。

企业所得税=19×25%=4.75（万元）。

上述案例针对不同的直播带货模式计算了主播需要缴纳的税费，大家可以自行对比同一应纳税所得额在不同模式下所需缴纳税费的具体金额。

6.2.8 商家收入的确认及相关税费

商家收入的确认是一个非常重要的环节，下面先看一个案例。

【案例】

消费者在某直播间买了1000元的商品，商家获得800元，直播平台获得60元，主播获得140元。商家应按照哪个金额确认收入呢？

商家应该按照销售额全额确认收入，即1000元。直播平台和主播获得的200元应作为销售费用处理，如果能取得相应的发票，销售费用可以在税前扣除。

以抖音平台为例，商家向抖音平台支付平台服务费后，可以按照以下方式申请发票：进入店铺后台，先选择“资产”，然后选择“发票中心”，接着选择“平台开票”，填写开票信息，选择账单，申请开票。

下面这个案例展示了商家确认收入时应该如何进行账务处理。

【案例】

主播为某商家直播带货，销售额为100万元，商品成本为50万元。商家支付给主播的佣金为销售额的10%，即10万元；商家支付给平台的费用为销售额的5%，即5万元。商家应该如何进行账务处理呢（成本和销售额均为含税价，适用 13% 税率）？

商家确认收入时的会计分录如下。

借：其他货币资金——抖音账户　100.00

　贷：主营业务收入　88.50

　　　应交税费——应交增值税（销项税额）　11.50

借：销售费用——平台费用　5

　贷：其他货币资金——抖音账户　5

借：销售费用——带货佣金　10

　贷：其他货币资金——抖音账户　10

商家应缴纳的增值税、企业所得税计算如下：

应缴增值税 = 销项税额 − 进项税额 $=11.5-50\div1.13\times13\%=5.75$（万元）；

城建税及附加 $=5.75\times12\%\times50\%=0.35$（万元）；

应纳税所得额 $=100\div1.13-50\div1.13-100\times10\%-100\times5\%-0.69=28.56$（万元）；

应缴所得税 $=28.56\times25\%=7.14$（万元）。

为什么城建税及附加的金额要按照 50% 来计算？因为 2022 年政府推出了小微企业“六税两费”减免政策。

根据《财政部 税务总局关于进一步实施小微企业“六税两费”减免政策的公告》（财政部 税务总局公告 2022 年第 10 号），自 2022 年 1 月 1 日至 2024 年 12 月 31 日，由省、自治区、直辖市人民政府根据本地区实际情况，以及宏观调控需要确定，对增值税小规模纳税人、小型微利企业和个体工商户可以在 50% 的税额幅度内减征资源税、城市维护建设税、房产税、城镇土地使用税、印花税（不含证券交易印花税）、耕地占用税和教育费附加、地方教育费附加。

6.2.9 直播带货的涉税风险

1. 误区：个人直播带货不需要缴税

《电子商务法》第十一条规定："电子商务经营者应当依法履行纳税义务，并依法享受税收优惠。"根据《税收征收管理法》的相关规定，纳税人不进行纳税申报，不缴或少缴应纳税款的，由税务机关追缴其不缴或少缴应纳税款、滞纳金，并处不缴或少缴税款 50% 以上 5 倍以下的罚款。

2. 主播未向委托带货公司（商家）开票的风险

主播应该按照佣金收入及时给委托带货公司（商家）开票，如果主播未给委托带货公司开具发票，委托带货公司就无法进行税前扣除。委托带货公司的会计一般会按照支出进行账务处理，但是在做企业所得税汇算清缴时需要调增应纳税所得额。

3. 未代扣代缴主播个人所得税的风险

委托带货公司（商家）向主播支付佣金时必须履行代扣代缴个人所得税的法定义务，如果未代扣代缴主播个人所得税，会被处以不缴或少缴应纳税款 50% 以上、3 倍以下的罚款。

4. "补单"的风险

"补单"是电商企业提升店铺销量和信用度的一种手段，本身就是不合法的。电商企业的数据透明度非常高，电商平台上的成交数据也是无法删除的，因此"补单"的风险主要在于店铺后台的数据与会计做账的数据不一致，会被认为存在漏报收入的行为。

5. 隐瞒收入的风险

有些电商平台主要采用 B2C 模式，很多个人消费者在店铺购买商品后，并不要求店铺开具发票，因此有些电商企业通过少报或不报收入来逃避缴纳税款，这种做法肯定是不合规的。现在是大数据时代，数据匹配度要求越来越高，如果电商企业隐瞒收入，一旦被查到，至少要补缴税款并缴纳罚款和滞纳金。

6.3 直播带货业务的落地步骤及注意事项

前面主要介绍了直播带货的 4 种模式、主播需要缴纳哪些税费，以及主播和直播公司的涉税问题等内容。目前，很多电商企业都有自己的店铺和主播，有没有什么方法可以将直播业务从店铺经营中分离出来呢？如果有，就可以降低甚至规避很多风险。

下面介绍我们为直播带货业务设计的一种方案（以抖音平台为例）。

6.3.1 整体框架

我们设计的直播带货业务的整体框架如图 6-2 所示。

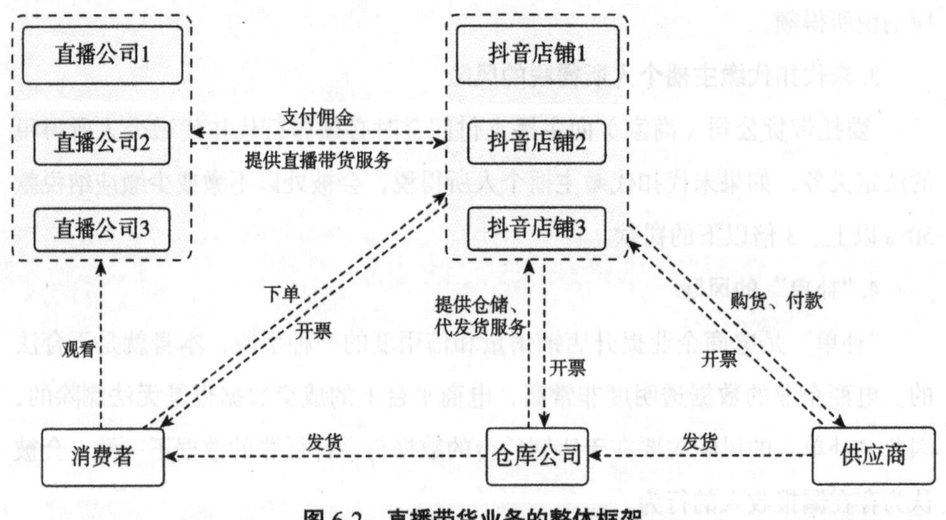

图 6-2 直播带货业务的整体框架

这个框架可以分为三个部分，第一个部分是直播公司，第二个部分是抖音店铺，第三个部分是仓库公司。直播公司和仓库公司都是从原来的抖音店铺分拆出来的。

在这个框架中，整体流程如下：消费者在抖音上刷到直播公司的主播的直播视频，看到了自己需要或想买的商品，通过链接跳转至抖音店铺下单；抖音店铺从供应商处采购货物，将其统一存放在与自己签订仓储服务合同的仓库公司，仓库公司负责仓储及代发货；抖音店铺收到订单后，就会通知仓库公司向消费者发货；抖音店铺将商品销售给消费者，因此由店铺为消费者开具发票；直播公司与抖音店铺之间签订直播带货服务合同。

6.3.2 落地步骤及注意事项

步骤一：将主播独立出来

将主播独立出来，成立直播公司，主播与直播公司签订劳动合同，由直播公司给主播发放工资、申报个人所得税、缴纳社保。

将主播独立出来的目的是剥离部分风险。现在主播受到的监管很严格，主播必须全额申报收入、缴纳税款。如果主播的工资特别高，而主播又不愿意按照 45% 的税率缴纳个人所得税，那么可以让主播作为直播公司的股东，一部分收入以工资的形式发放，一部分收入以分红的形式发放。

步骤二：委托带货公司与直播公司签订直播带货协议

委托带货公司与直播公司签订直播带货协议，直播公司为委托带货公司提供直播带货服务并开具服务费发票，委托带货公司向直播公司支付佣金。

双方可以在协议中约定佣金的比例、支付方式、支付期限及双方的权利与义务等具体条款。

步骤三：将仓库部门独立出来

将原来的仓库部门独立出来，成立仓库公司，仓库人员与仓库公司签订劳动合同，仓库公司给仓库人员发放工资、申报个人所得税、缴纳社保。

将仓库部门独立出来的目的是确保业务“四流”一致。很多电商企业都有多家店铺，设立一个专门的仓库公司就能对商品进行统一管理，降低管理成本。

步骤四：委托带货公司与仓库公司签订仓储和代发货协议

委托带货公司与仓库公司签订仓储和代发货协议，仓库公司为委托带货公司提供仓储和代发货服务并开具服务费发票，委托带货公司向仓库公司支付服务费。

相关的注意事项如下。

（1）每家店铺的流水要分开，不能混淆。不同公司之间的账务一定要清楚，个人消费支出不能与公司支出混在一起。

（2）直播公司和委托带货公司的股东要有所区分，尽量不要安排为同一人。

（3）直播公司和委托带货公司的地址要分开，不要使用同一地址。

6.3.3 业务流向

业务流向如图 6-3 所示。

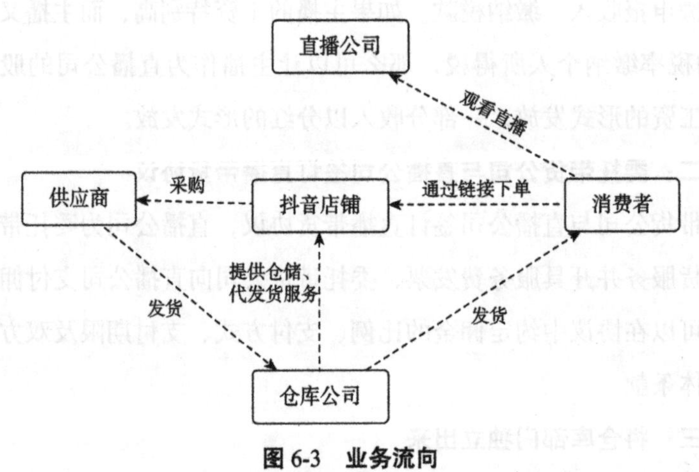

图 6-3 业务流向

店铺向供应商采购商品后，供应商将商品发至与店铺签订仓储和代发货协议的仓库公司，由其进行存储。消费者观看视频或直播后，通过视频或直播间的商品链接向店铺下单，店铺就会通知仓库公司直接向消费者发货。

6.3.4 发票流向

发票流向如图 6-4 所示。

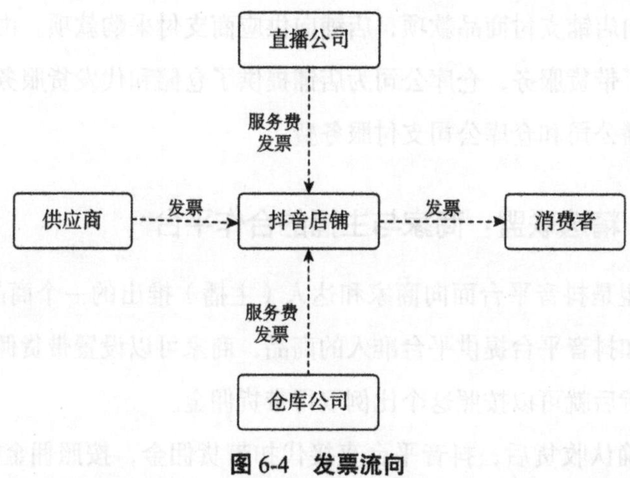

图 6-4　发票流向

店铺向供应商采购货物后，供应商为店铺开具发票；消费者在店铺购物后，店铺为消费者开具发票。直播公司为店铺提供了直播带货服务，因此需要为店铺开具服务费发票。仓库公司为店铺提供了仓储和代发货服务，因此也需要为店铺开具服务费发票。店铺只有收到服务费发票，相应的支出才能进行企业所得税税前扣除。

6.3.5　资金流向

资金流向如图 6-5 所示。

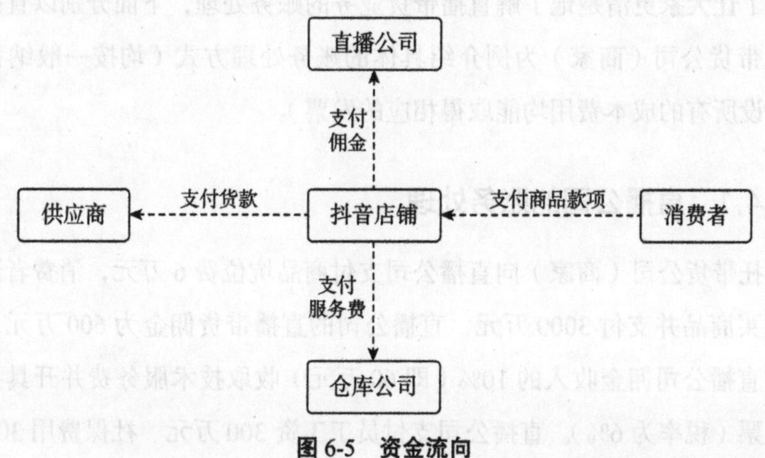

图 6-5　资金流向

消费者向店铺支付商品款项，店铺向供应商支付采购款项。由于直播公司为店铺提供了带货服务，仓库公司为店铺提供了仓储和代发货服务，因此店铺应分别向直播公司和仓库公司支付服务费。

6.3.6 精选联盟：商家与主播的合作平台

精选联盟是抖音平台面向商家和达人（主播）推出的一个商品分销平台，由入驻商家和抖音平台提供平台准入的商品，商家可以设置带货佣金比例，主播为商家带货后就可以按照这个比例取得带货佣金。

消费者确认收货后，抖音平台直接代扣带货佣金，按照佣金的 10% 扣除技术服务费后，将余额结算给主播。

主播为商家带货后，实际拿到手的是带货佣金的 90%。主播应按照带货佣金全额确认收入并为商家开具服务费发票，商家可以凭发票进行企业所得税税前扣除。带货佣金的 10% 是支付给抖音平台的技术服务费，主播可以向抖音平台申请技术服务费发票。

6.4 直播带货业务的财税合规处理

为了让大家更清楚地了解直播带货业务的账务处理，下面分别以直播公司和委托带货公司（商家）为例介绍具体的账务处理方式（均按一般纳税人核算，假设所有的成本费用均能取得相应的发票）。

6.4.1 直播公司的账务处理

委托带货公司（商家）向直播公司支付商品坑位费 6 万元，消费者通过直播间购买商品并支付 3000 万元，直播公司的直播带货佣金为 600 万元，直播平台按直播公司佣金收入的 10%（即 60 万元）收取技术服务费并开具技术服务费发票（税率为 6%）。直播公司支付员工工资 300 万元、社保费用 30 万元、房租 20 万元、水电费 2 万元，代扣代缴员工个人所得税为 5 万元，员工社保个人承担部分为 10 万元，固定资产每月计提折旧 2 万元，办公室装修费作为长期待摊费用每月计提摊销 1 万元，购买办公用品的费用合计 1 万元。直播公司从抖音平台账户中提现 5 万元至银行账户，计提企业所得税 0.5 万元。

直播公司收到商家支付的商品坑位费 6 万元时的会计分录如下。

借：银行存款　6.00
　贷：主营业务收入　5.66
　　应交税费——应交增值税（销项税额）　0.34

直播公司收到商家支付的带货佣金为 600 万元时的会计分录如下。

借：其他货币资金——抖音账户　600.00
　贷：主营业务收入　566.04
　　应交税费——应交增值税（销项税额）　33.96

直播公司在抖音平台上有几个收款账户，包括微信账户、支付宝账户、聚合众账户等，为了做账方便，统一将其他货币资金的二级科目设置为抖音账户。

直播公司向抖音平台支付平台技术服务费 60 万元，抖音平台为直播公司开具技术服务费发票（税率为 6%），该费用是因直播公司向商家提供直播带货服务而产生的，因此应计入主营业务成本。会计分录如下。

借：主营业务成本——平台服务费　56.60
　应交税费——应交增值税（进项税额）　3.40
　贷：其他货币资金——抖音账户　60.00

直播公司支付的员工工资为 300 万元，承担的社保费用为 30 万元。因为直播公司主要提供直播带货服务，所以相关的人工成本直接计入主营业务成本。

计提员工工资和社保费用时的会计分录如下。

借：主营业务成本　　330

　贷：应付职工薪酬——工资　　300

　　应付职工薪酬——社保　　30

直播公司支付的房租为 20 万元，水电费为 2 万元（假设水费、电费分别为 1 万元）。

支付房租、水电费时的会计分录如下。

借：管理费用——房租　　18.35

　管理费用——水电费　　1.80

　应交税费——应交增值税（进项税额）　　1.85

　贷：银行存款　　22.00

直播公司代扣代缴员工个人所得税为 5 万元，员工社保个人承担部分为 10 万元。

支付工资时的会计分录如下。

借：应付职工薪酬——工资　　300

　贷：应交税费——应交个人所得税　　5

　　其他应收款——社保个人　　10

　　银行存款　　285

缴纳社保时的会计分录如下。

借：应付职工薪酬——社保　　30

　其他应收款——社保个人　　10

　贷：银行存款　　40

缴纳个人所得税时的会计分录如下。

借：应交税费——应交个人所得税　　5

　贷：银行存款　　5

计提固定资产折旧2万元时的会计分录如下。

借：管理费用——折旧　　2

　　贷：累计折旧　　2

计提无形资产摊销1万元时的会计分录如下。

借：管理费用——摊销　　1

　　贷：累计摊销　　1

用银行存款支付办公用品购买费用1万元时的会计分录如下。

借：管理费用——办公费　　0.88

　　应交税费——应交增值税（进项税额）　　0.12

　　贷：银行存款　　1.00

从抖音平台账户中提现5万元至银行账户时的会计分录如下。

借：银行存款　　5

　　贷：其他货币资金——抖音账户　　5

上面的会计分录是按照进销项税额分别结转税费的，在实际工作中也可以按照销项税额减去进项税额的差额进行结转。如果进项税额大于销项税额，当期就不用缴纳增值税，无须结转。

结转销项税额时的会计分录如下。

借：应交税费——应交增值税（销项税额）　　34.30

　　贷：应交税费——应交增值税（转出未交增值税）　　34.30

结转进项税额时的会计分录如下。

借：应交税费——应交增值税（转出未交增值税）　　5.34

　　贷：应交税费——应交增值税（进项税额）　　5.34

结转税金就是将未交增值税直接结转到未交增值税的贷方，表示当期需要缴纳的增值税。

结转税金时的会计分录如下。

借：应交税费——应交增值税（转出未交增值税）　28.96

　贷：应交税费——未交增值税　28.96

缴纳税金时的会计分录如下。

借：应交税费——未交增值税　28.96

　贷：银行存款　28.96

城市维护建设税、教育费附加和地方教育费附加是按照缴纳的增值税来计提的，城市维护建设税的税率分为3档（市区为7%，县和镇为5%，其他地区为1%），教育费附加税率为3%，地方教育费附加税率为2%。

计提税金及附加（城市维护建设税按7%计算）时的会计分录如下。

借：税金及附加　3.48

　贷：应交税费——应交城市维护建设税　2.03

　　应交税费——应交教育费附加　0.87

　　应交税费——应交地方教育费附加　0.58

缴纳税金（城市维护建设税按7%计算）时的会计分录如下。

借：应交税费——应交城市维护建设税　2.03

　应交税费——应交教育费附加　0.87

　应交税费——应交地方教育费附加　0.58

　贷：银行存款　3.48

结转本年利润时的会计分录如下。

借：本年利润　414.14

　贷：税金及附加　3.48

　　主营业务成本　330.00

　　销售费用　56.60

管理费用 24.06

借：主营业务收入 571.7

贷：本年利润 571.7

计提企业所得税 0.5 万元时的会计分录如下。

借：所得税费用 0.50

贷：应交税费——应交企业所得税 0.50

实际缴纳企业所得税时的会计分录如下。

借：应交税费——应交企业所得税 0.50

贷：银行存款 0.50

6.4.2 委托带货公司的账务处理

某公司的主营业务是销售服装，该公司采购了一批服装，成本是 1500 万元。该公司委托某主播直播带货，销售额为 3000 万元。该公司支付的员工工资为 300 万元，承担的社保费用为 30 万元，代扣代缴的个人所得税为 5 万元，员工个人承担的社保费用为 10 万元。该公司支付坑位费 6 万元、销售佣金 600 万元、平台服务费 150 万元、水电费 2 万元、房租 10 万元、快递费 80 万元，计提折旧 2 万元，计提摊销 1 万元。该公司从抖音平台账户提现 5 万元，计提企业所得税 1 万元（假设成本、费用都能取得发票，均为含税价）。

向供应商采购 1500 万元的服装，验收入库时的会计分录如下。

借：库存商品 1327.43

应交税费——应交增值税（进项税额） 172.57

贷：应付账款——供应商 1500.00

用银行存款支付供应商货款时的会计分录如下。

借：应付账款——供应商 1500

贷：银行存款 1500

向直播公司支付坑位费 6 万元，收到发票时的会计分录如下。

借：销售费用——坑位费　　5.66

　　应交税费——应交增值税（进项税额）　　0.34

　　贷：银行存款　　6.00

主播卖出商品的不含税价为 2654.87 万元，不含税成本为 1327.43 万元。向消费者发货时的会计分录如下。

借：发出商品　　1327.43

　　贷：库存商品　　1327.43

销售 3000 万元的商品，交易成功、确认收入时的会计分录如下。

借：其他货币资金——抖音账户　　3000.00

　　贷：主营业务收入　　2654.87

　　　　应交税费——应交增值税（销项税额）　　345.13

支付平台技术服务费 150 万元，收到发票时的会计分录如下。

借：销售费用——平台服务费　　141.51

　　应交税费——应交增值税（进项税额）　　8.49

　　贷：其他货币资金——抖音账户　　150.00

用其他货币资金向直播公司支付佣金 600 万元，收到发票时的会计分录如下。

借：销售费用——带货佣金　　566.04

　　应交税费——应交增值税（进项税额）　　33.96

　　贷：其他货币资金——抖音账户　　600.00

结转商品成本时的会计分录如下。

借：主营业务成本　　1327.43

　　贷：发出商品　　1327.43

图 6-6 是实际工作中确认收入的记账凭证，供大家参考。

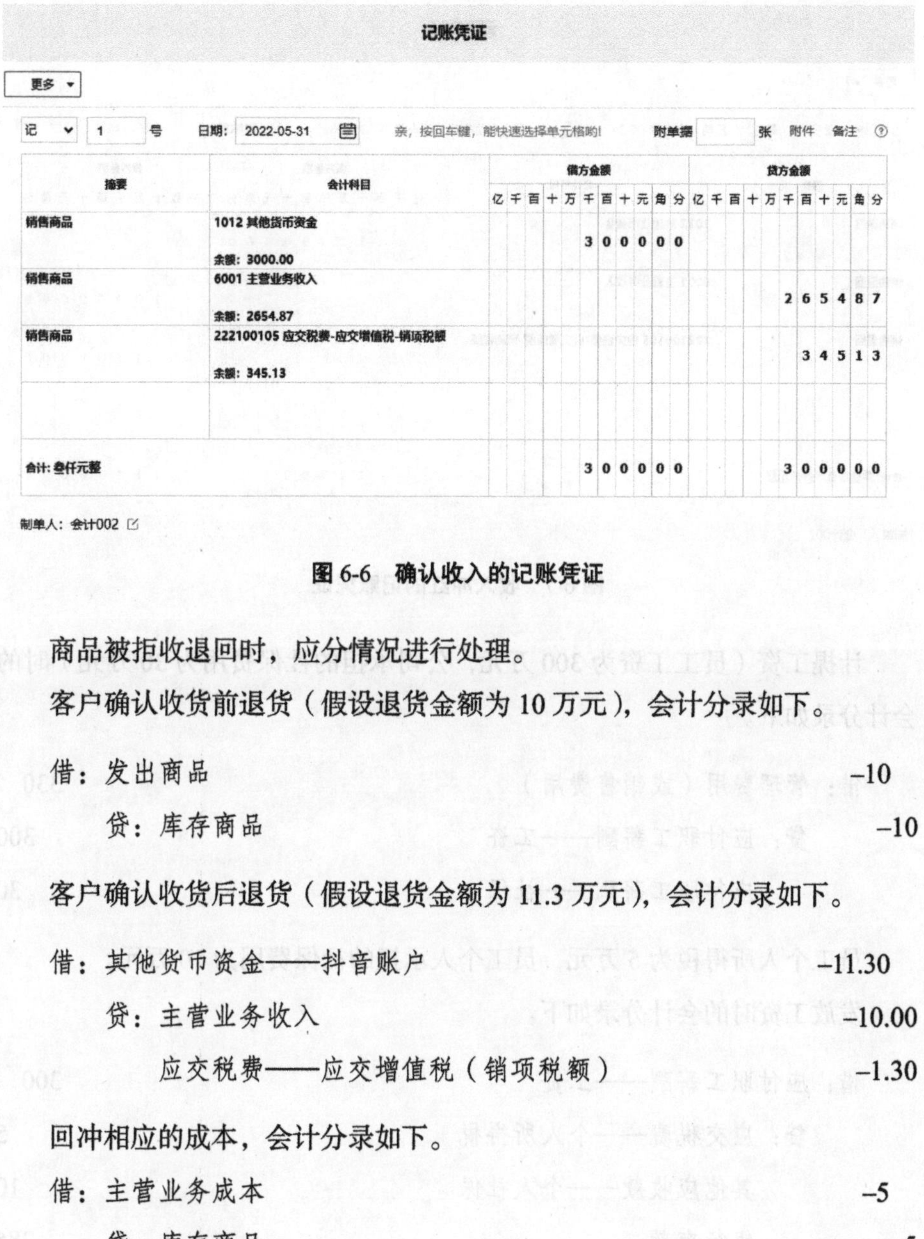

记账凭证

更多

记 1 号 日期：2022-05-31 亲，按回车键，能快速选择单元格哟! 附单据 张 附件 备注

摘要	会计科目	借方金额（亿千百十万千百十元角分）	贷方金额（亿千百十万千百十元角分）
销售商品	1012 其他货币资金 余额：3000.00	300000	
销售商品	6001 主营业务收入 余额：2654.87		265487
销售商品	222100105 应交税费-应交增值税-销项税额 余额：345.13		34513
合计：叁仟元整		300000	300000

制单人：会计002

图 6-6 确认收入的记账凭证

商品被拒收退回时，应分情况进行处理。

客户确认收货前退货（假设退货金额为 10 万元），会计分录如下。

借：发出商品 −10

　　贷：库存商品 −10

客户确认收货后退货（假设退货金额为 11.3 万元），会计分录如下。

借：其他货币资金——抖音账户 −11.30

　　贷：主营业务收入 −10.00

　　　　应交税费——应交增值税（销项税额） −1.30

回冲相应的成本，会计分录如下。

借：主营业务成本 −5

　　贷：库存商品 −5

图 6-7 是实际工作中收入冲红的记账凭证，供大家参考。

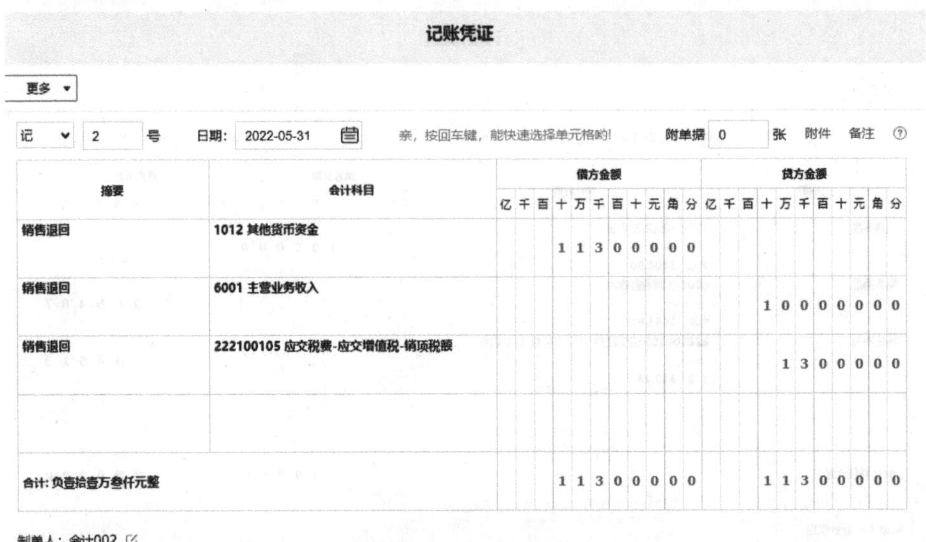

记账凭证

更多

记 2 号 日期：2022-05-31 亲，按回车键，能快速选择单元格哟！ 附单据 0 张 附件 备注

摘要	会计科目	借方金额											贷方金额										
		亿	千	百	十	万	千	百	十	元	角	分	亿	千	百	十	万	千	百	十	元	角	分
销售退回	1012 其他货币资金				1	1	3	0	0	0	0	0											
销售退回	6001 主营业务收入															1	0	0	0	0	0	0	0
销售退回	222100105 应交税费-应交增值税-销项税额																1	3	0	0	0	0	0
合计：负壹拾壹万叁仟元整					1	1	3	0	0	0	0	0				1	1	3	0	0	0	0	0

制单人：会计002

图 6-7 收入冲红的记账凭证

计提工资（员工工资为 300 万元，公司承担的社保费用为 30 万元）时的会计分录如下。

借：管理费用（或销售费用） 330

  贷：应付职工薪酬——工资 300

    应付职工薪酬——社保 30

员工个人所得税为 5 万元，员工个人承担的社保费用为 10 万元。发放工资时的会计分录如下。

借：应付职工薪酬——工资 300

  贷：应交税费——个人所得税 5

    其他应收款——个人社保 10

    银行存款 285

缴纳社保时的会计分录如下。

借：应付职工薪酬——社保 30

其他应收款——个人社保　10

贷：银行存款　40

缴纳个人所得税时的会计分录如下。

借：应交税费——个人所得税　5

贷：银行存款　5

该公司用银行存款支付水电费 2 万元（假设水费、电费分别为 1 万元）、房租 10 万元。

支付房租、水电费时的会计分录如下。

借：管理费用——房租　9.17

管理费用——水电费　1.80

应交税费——应交增值税（进项税额）　1.03

贷：银行存款　12.00

支付快递费 80 万元时的会计分录如下。

借：销售费用——快递费　75.47

应交税费——应交增值税（进项税额）　4.53

贷：银行存款　80.00

固定资产计提折旧 2 万元时的会计分录如下。

借：管理费用——折旧　2

贷：累计折旧　2

无形资产计提摊销 1 万元时的会计分录如下。

借：管理费用——摊销　1

贷：累计摊销　1

从抖音平台账户中提现 5 万元至银行账户时的会计分录如下。

借：银行存款　5

贷：其他货币资金——抖音账户 5

上面的会计分录是进销项税额分别结转税费的，在实际工作中也可以按照销项税额减去进项税额的差额来结转。如果进项税额大于销项税额，当期就不用缴纳增值税，无须结转。

结转进项税额时的会计分录如下。

借：应交税费——应交增值税（转出未交增值税） 220.88

贷：应交税费——应交增值税（进项税额） 220.88

结转销项税额时的会计分录如下。

借：应交税费——应交增值税（销项税额） 345.13

贷：应交税费——应交增值税（转出未交增值税） 345.13

结转税金时的会计分录如下。

借：应交税费——应交增值税（转出未交增值税） 124.25

贷：应交税费——未交增值税 124.25

缴纳税款时的会计分录如下。

借：应交税费——未交增值税 124.25

贷：银行存款 124.25

城市维护建设税、教育费附加和地方教育费附加是按照缴纳的增值税计提的，城市维护建设税的税率分 3 档（市区为 7%，县和镇为 5%，其他地区为 1%），教育费附加税率为 3%，地方教育费附加税率为 2%。

计提税金及附加（城市维护建设税按 7% 计算）时的会计分录如下。

借：税金及附加 14.91

贷：应交税费——应交城市维护建设税 8.70

应交税费——应交教育费附加 3.73

应交税费——应交地方教育费附加 2.48

缴纳附加税（城市维护建设税按 7% 计算）时的会计分录如下。

借：应交税费——应交城市维护建设税　　8.70
　　应交税费——应交教育费附加　　3.73
　　应交税费——应交地方教育费附加　　2.48
　　贷：银行存款　　14.91

期末结转本年利润时的会计分录如下。

借：本年利润　　2475.03
　　贷：主营业务成本　　1327.43
　　　　税金及附加　　14.91
　　　　销售费用　　788.68
　　　　管理费用　　344.01
借：主营业务收入　　2654.87
　　贷：本年利润　　2654.87

计提企业所得税 1 万元时的会计分录如下。

借：所得税费用　　1
　　贷：应交税费——应交企业所得税　　1

实际缴纳企业所得税时的会计分录如下。

借：应交税费——应交企业所得税　　1
　　贷：银行存款　　1

第 7 章

电商财务管理及其价值体现

7.1 财务的基础职能

不知道大家有没有思考过一个问题：为什么企业要建立财务部门？其实，企业建立财务部门的核心目的是解决问题。

从企业的角度来看，财务部门要帮助企业解决记账和报税的问题。企业管理者可能不懂财务，所以需要请财务人员解决相关问题。另外，在企业内部，资金是一种生产资料，需要专业的人员尽可能提高其利用率。

7.1.1 记账和报税

财务的基础职能是什么？

从管理者的角度来看，财务的基础职能是记账和报税。财务人员必须知道每个月要做什么，每个季度要做什么，每年要做什么。例如，有些税每个月都要申报，有些税每个季度都要申报，有些税每年都要申报，财务人员必须知道自己在什么时候应该做什么。

记账和报税是几乎所有会计都能胜任的工作，但这种基础工作的可替代性太强了。现在很多软件都有自动报税的功能，市场中的代理记账公司也有很多，所以对企业来说，记账和报税之类的基础工作价值有限。

要想让自己的工作变得更有价值，就要做一些别人不会做、难以做到的事情。这个道理也适用于财务人员。

例如，企业管理者可能会提出一个问题："招待客户吃饭、发红包应该怎么做账？"

首先，财务人员要确定这是不是公司的业务支出，如果不是公司的业务支出，而是个人消费，就不能在公司报销；如果是公司的业务支出，就需要开发票，然后走报销流程，正常入账即可。发红包不可能取得发票，但可以凭红包转账截图报销，也可以正常入账。没有发票的话，也就不能进行企业所得税抵扣。

其次，如果这是公司的业务支出，财务人员就要考虑这是在什么情况下产生的支出，或者说这是什么性质的支出。如果是招待客户产生的支出，可以按业务招待费入账；如果是招待公司员工产生的支出，可以按员工福利费入账；如果是差旅支出，可以按差旅费入账；如果是宣传支出，可以按广告宣传费入账。

提出上述问题的企业管理者一般不会考虑会计如何做账、涉及哪些具体科目等问题，他们可能只想知道相关支出能不能报销。因此，财务人员要做的就是告诉企业管理者怎么做才能报销，同时要确保合规。如果财务人员能够做到这些，其工作的价值自然就变高了。

7.1.2 账务处理

财务对内的职能主要是处理各种账务。电商企业的账务处理工作主要包括：核算收入、成本和利润，出具各种日报表、周报表、月报表、季报表和年报表等。

绝大部分财务人员应该都能胜任上述工作，有些报表连运营人员也能做出来。而且，市场上有各种各样的软件，只要输入收入、成本等数据，就能自动生成报表。这样看起来，账务处理工作的价值并不高。

现在问大家两个问题。员工社保应该按最低基数还是按实际发放工资金额交？员工自愿申请不交社保就可以不交吗？恐怕很多人一下子回答不上来。

确实有一些企业是按照最低基数给员工交社保的，这样做有没有风险呢？如果员工投诉或企业被相关部门查到，企业可能不用交罚款，但必须补缴社保费用。

员工自愿申请不交社保，于是企业不给员工交社保，这样做有没有风险呢？不管员工是否自愿，只要员工投诉或企业被相关部门查到，企业一定会面临处罚，员工的申请是无效的，企业要承担所有的责任。

按实际发放工资金额交社保肯定是合规的，但是成本很高，有些企业并不想承担这么高的成本。

例如，某公司觉得员工社保支出太高了，就通知员工以后公司和员工各承担一半的社保费用，员工不同意。最后，公司跟员工协商，公司每个月给员工多发放 500 元工资，社保就全都不交了。这种做法的后果是什么呢?

只要员工举报，公司不仅要补缴所有的社保费用，还要接受处罚，之前每个月“多发放”的 500 元工资也不可能追回。公司这样做完全是自己挖坑往里跳，得不偿失。

其实上面这个例子反映的就是风险控制问题，很多电商企业觉得自己的账务处理得没问题，但是一遇到某些具体问题，就不知道该怎么处理了。

现在再问大家一个问题。提高利润、降低税负和保证现金流，哪个更重要呢?

估计很多电商企业的管理者都不知道应该怎么选。问 10 个人，可能每个人都有不同的想法。

在任何时候，企业首先考虑的都应该是保证现金流。财务人员更要时刻关注企业的现金流。这里所说的现金流主要是指自由现金流，不是那种今天收回来、明天就要付出去的现金流，而是企业自留的，即使未来 3 个月或半年没有业务，也能正常发放员工工资的现金流。

有人说：“企业亏损不会倒闭，但账上没钱会倒闭。”京东就是一个典型的例子，京东有不少年度的年报显示公司在过去一年里发生了亏损，但这么多年过去了，京东到目前为止并没有倒闭。

政府的各个部门，尤其是市场监督管理局和税务局，正在积极推进大数据采集、去人工化办公、互联网化和“以数治税”，财务人员只有持续学习，了解新业务，学习新政策，才能跟上新时代。财务行业一直都有“越老越吃香”的说法，但真正吃香的是有用的经验和解决问题的方法，而不是年龄。

7.2 电商企业财务管理制度

无论什么类型、什么规模的企业，都需要建立各项制度，依据制度对生产经营进行管理。电商企业的财务管理也一样，必须有相应的制度。

例如，运营人员找财务人员要 10 万元用于直通车，财务人员让运营人员找领导审批，审批通过了才能支出这笔钱，这个审批的过程就是一种制度。不少线下企业做电商业务做不起来，原因之一就是没有制定合理的财务制度。制定合理的财务制度对电商企业的发展有很大的帮助。

有人问："从网上找财务管理制度模板套用一下，行不行？"财务制度也好，其他制度也好，借鉴别人没有问题，但不能完全照抄。电商企业必须根据自身的实际情况制定各项制度，这样制定出来的制度对企业来说才是有用的。

电商企业要想制定一套健全的财务管理制度，就必须了解自身的经营模式及各项业务，据此确定财务部门的基础职能。

那么，电商企业的经营模式是怎样的呢？电商企业有哪些业务呢？

从数据的角度来看，电商企业与传统企业最大的区别就是从客户提交订单到企业发货、客户收货、企业收款，一直到企业提供售后服务，全程的数据都是可以实时查看的。电商企业一般通过各大电商平台进行销售，如淘宝、天猫、京东、拼多多等，这些平台的后台会记录每一个商家每一笔订单的具体数据。电商企业的财务人员需要将后台的数据下载下来，先整理数据并统计店铺的收入、支出等明细数据，再分别记账。

综上所述，电商企业的财务部门与传统企业的财务部门一样，都需要核算收入、成本、费用等，但是传统企业的财务部门需要从其他部门获取数据，而电商企业的财务部门可以直接从电商平台获取数据。由此可以推断出，电商企业的财务部门的基础职能就是核算店铺收入、货物销售成本，分析各平台费用、店铺盈利情况等。

7.2.1 制定制度的目的

制定制度的目的是什么呢？有很多企业并没有想清楚，不知道制度是用来做什么的、有什么作用，因此也就不知道制度应该怎么制定。其实，做纳税筹划也是一样的道理。有些企业不知道税是怎么来的，因此也就不知道如何做筹划。

制定制度的目的主要有两个，第一个是提高效率、达成共识，第二个是减少风险、避免损失。

可能有不少电商企业都遇到过运营人员携款私逃的情况，这是让管理者非常头痛的问题。电商企业应该如何避免这个问题呢？这里有一个建议：针对特定的运营事项，支出费用的时候可以要求运营人员先填写借款单，分批次支出，并且要控制金额。这样做可以把发生损失的风险控制在一定的范围内。

制度不是用来看的，而是用来执行的。有制度但不执行，制度就是空的，没有作用。因此，电商企业在制定制度的时候要综合考虑管理目的、需求和现实状况，尽量制定出合理的、能真正执行的制度。

财务制度是否合理，不能看制度条文有多完善，而要看能不能真正执行下去，效果好不好。如果效果好，就说明这项制度适用于企业；如果制度执行前后结果没区别，或者执行后的结果还不如执行前，就说明这项制度不符合企业的需求。

电商企业制定财务制度时要遵循以下原则。

（1）财务制度不能违法。例如，某企业的财务制度明确说明发放给客服的提成不计入工资、薪金，不申报个人所得税，这就违反了《个人所得税法实施条例》，属于违法行为。

（2）财务制度要符合企业的现实情况。也就是说，企业制定的财务制度在当下能执行。例如，某企业的管理层只有一位总经理和一位运营主管，短期内不会新设其他管理岗位，那么具体业务的审批程序应该是运营主管审批完由总经理审批，不需要设置其他审批环节。

（3）财务制度内容要简单、容易理解。制度的约束对象包括管理层和基层员工，他们的理解能力参差不齐，制度内容越简单、越容易理解，就越不容易造成误解、越容易执行。

（4）省去非必要流程。为了减少信息传递环节、提高工作效率，在财务制度中应尽可能省去非必要流程。例如，某个单据需要审批，两个人能审批好，就不需要安排三个人审批。

7.2.2 合同审核制度

无论电商企业还是传统企业，都需要签订合同；无论采购合同还是销售合同，都会涉及金钱。因此，合同审核是财务人员的必备技能。

合同应该怎么审核呢？具体审核哪些项目呢？

以采购合同为例，财务人员要了解企业的采购流程。一般的采购流程是：仓库没有库存了，或者收到了库存最低预警，就会向采购部门发出货物采购申请；采购部门向供应商询价，供应商会做一份报价单发给采购部，采购部门把报价单发给总经理或其他领导审批；审批通过后，采购部门根据报价单拟好采购合同并将其发给财务部审核；财务部门审核通过后，采购部门才能跟供应商签订正式的采购合同。

一般来说，采购合同包含甲方乙方、商品名称、规格、数量、单价、总金额、付款周期或条件、违约责任等内容。财务部门不仅要审核合同内容，还要结合报价单进行审核。

首先要审核报价单中的规格型号、单价、金额、数量与合同中的规格型号、单价、金额、数量是否一致，计价方式是否一致等。例如，假设报价单中的单价是含税金额，那么采购合同的单价也应该是含税金额。

其次要审核采购合同中是否约定了开具发票，增值税发票是专用发票还是普通发票，税率是13%还是3%，等等。例如，假设价格是含税的，那么正常开票不会增加成本；假设价格是不含税的，而且合同条款写明开票会增加10%的成本，那么这种条款就是不合理的，企业应该拒绝签订不合理的采购合同。

最后要审核付款条件和违约责任。很多采购合同的付款条件是签订合同后就支付 30% 的货款，等收到货物并验收通过后，7 天内支付剩余货款，如果 7 天内没有支付就算违约，违约金按照未付货款的 3‰ 按日计算，最高不超过货款总额的 30%。对于付款条件，我们首先要看的不是具体内容，而是合理与否。上述例子中的付款条件比较常见，算是比较合理的。当然，也有一些明显不合理的付款条件，例如，签订合同后就要支付 100% 的货款。这种付款条件一看就有很大的风险，是不合理的。再如，违约金超过货款总额的 30% 也是不合理的。

现在再问大家两个问题。合同金额是含税好还是不含税好呢？进出口合同是按美元付款好还是按照人民币付款好呢？

可能很多财务都不知道该怎么回答这两个问题。

合同金额是含税好还是不含税好，主要取决于两个因素，一个是发票，另一个是税。合同金额含税对开进项发票有利，不含税对缴纳印花税有利，因为印花税是按照合同金额缴纳的。当然，这个问题在 2022 年 7 月 1 日《印花税法》正式施行后就出现了有法律依据的解决办法：合同金额可以是含税金额，只要签订合同的时候列明不含税金额是多少、税额是多少，就可以按照不含税金额缴纳印花税。

进出口贸易的收款方式一般是收汇结算，付款方用信用证支付货款，这些收付方式都属于跨境结算方式。在很多情况下，跨境结算采用美元计价。例如，收汇的时候，先换成美元，然后根据当时汇率换算为人民币；报关的时候也采用美元计价。因此，为了结算方便，进出口合同可以按美元付款。

总结一下，其实答案并不是最重要的，最重要的是考虑企业的现实情况和管理需要，适合企业的才是对的。

7.2.3 发票管理制度

从某个角度来说，我国税收征管的现状大体可以概括为“以票治税”。未来的税收征管必然会走向“以数治税”，这也是大部分人的共识。

基于“以票治税”这个现状，发票管理就是对企业的纳税风险、税收成本的管理。发票管理并不是做一下登记这么简单，电商企业的发票业务不仅量大而且烦琐，主要涉及采购进项发票（供应商）、服务进项发票（服务提供商）、销售发票（消费者）、积分发票（平台）等。

关于销售开票，如果问给客户开什么类型的发票、什么时候开票、开票税率有什么不同，可能很多人都会说自己知道；但如果继续问平台的发票要不要开、哪些可以开回来、留抵退税要不要退、以上这些行为都有什么风险，可能大部分人就答不上来了。

其实，经营过天猫店铺的人都知道，平台可以给企业开软件服务费发票，企业可以给平台开积分发票，但"积分发票要不要开、怎么开"这个问题往往会难住很多管理者和财务人员。关于积分发票，天猫平台的规则是：企业优先为平台开服务发票，无法开服务发票的，可以开销售发票；超过时间不开票的，需要按照开票金额的 30% 打款抵扣。

有些不了解电商行业的代理记账公司的财务人员，要么在电商企业还没申报收入的时候就全部开了服务发票，要么直接打款抵扣。其实，在正常情况下，第一种做法没什么问题，但是没有帮企业考虑风险问题。第二种做法给企业带来了不必要的支出，会导致企业可用资金减少。

有些电商企业会进行这样的操作：由 A 公司采购货物，然后由 B 公司销售，A 公司与 B 公司是关联公司。这样做合规吗？如果 A 公司与 B 公司之间没有正常的销售行为，那么这样做明显是不合规的。

那么，遇到这种情况应该怎么办呢？A 公司与 B 公司需要"补上"正常的销售行为，也就是 A 公司先把采购回来的货物销售给 B 公司，然后 B 公司向 A 公司支付货款，而且货款要在合理范围内，最后 A 公司为 B 公司开销售发票。做完这些，B 公司就可以销售货物并为客户开销售发票了，而且完全合规。

通过以上的例子不难看出，有些问题看起来是发票问题，但背后其实是业务问题，企业要基于实际业务考虑涉及的税，然后根据涉及的税查找适用的法律及政策，最后合理地调整业务。归根结底，发票管理主要是对税的管理，而税管理的是业务，所以发票管理的本质是对业务的管理。

7.2.4 费用管理制度

对电商企业来说，费用管理的主要作用是控制业务风险及保证费用的合理性。

例如，对于店铺的优惠券，如何做风险控制？店铺设置 5 元的优惠券，或者设置 20 元的裂变优惠券，以及一些叠加优惠券，应该怎么控制呢？

优惠券肯定不是随便设置的，之前肯定要进行测算。以 5 元的优惠券为例，假设店铺中大部分商品的单价是 30 元，那么可以将优惠券设置为满 60 元才能生效，消费者可能会为了 5 元的优惠而购买两件商品。

以 20 元的裂变优惠券为例，店铺可以将优惠券生效条件设置为成功邀请 5 人浏览店铺页面，这不仅增加了店铺的浏览量，而且有可能带来新的订单。

至于叠加优惠券，尤其是大额的，如果消费者达到了叠加条件，那么店铺很可能会亏本。此时，店铺要用所有商品的单价做测算，看哪些商品一起下单可以达到叠加条件，然后把优惠券生效条件设置为消费金额高于叠加条件所对应的金额，这样消费者为了使用大额叠加优惠券，可能会多买几件商品。

当然，除了优惠券，电商企业的费用管理还涉及推广费、平台服务费等。财务人员同样要先做测算，看这些费用是否合理，与产出是否匹配。

7.2.5 报销制度

有些电商企业没有完善的报销制度，员工在报销单上写了多少钱，财务人员就直接按照多少钱报销。有些企业里面连报销单都不用写就可以直接报销，运营主管直接告诉管理者需要报销多少钱，管理者直接转账。上述情况对电商企业的资金管理非常不利。

电商企业建立报销制度的目的是分析或审核哪些支出是合理的，哪些支出是需要调整的。从财务的角度来说，报销制度的主要作用是监督企业资金的运转。资金运转涉及企业所有的业务环节，为了有效且高效地跟企业上下沟通，必须建立相关的制度。

现在市场上有很多免费的管理系统，例如，钉钉、企业微信等都有一些现成的审批流程、报销制度，还可以根据企业的需求修改某些流程。如果能充分运用这些工具，财务管理工作的效率就会提升。

除了基本的报销，财务人员可能还会遇到特殊情况，如有些费用是无票支出，或者需要“公转私”。实际上，所有的电商企业可能都会发生这种情况，财务人员很头疼，不知道无票支出怎么做账，“公转私”该怎么处理。

财务人员要记住，管理者也是企业的员工，只要支出与业务相关，就可以正常报销、入账。很多时候，管理者只是不知道某些支出可以获得发票，所以财务财务人员要明确地告诉管理者哪些支出可以获得发票及如何获得。

7.3 电商企业财务管理

前面介绍了财务管理制度的一些重要细节，对电商企业的管理者和主要的财务管理人员来说，更重要的是把握财务管理工作的大方向。下面介绍电商企业财务管理的几个重要方面。

7.3.1 现金流管理

在某种程度上，对企业来说，任何事情都没有现金流重要，毕竟没有现金流，企业就会垮掉。连银行这种金融机构都可能因为现金流枯竭而破产，更不要说其他类型的企业了。对电商企业来说，管理好现金流是最重要的事情之一，也是保持自身竞争力的基础。

下面简单分析几个现金流管理的典型问题。

付款时间怎么确定？

如果希望做到收支平衡，就要测算一下，支付货款后，大概多久会有资金流入企业，找好平衡点。

淘宝贷款能用吗？什么时候用？

淘宝贷款其实是一种抵押贷款，也就是将已经下单但还没收到款的订单作为抵押，向网商银行贷款，然后将贷款用于支付货款、发放工资等。

假设贷款 1 万元，每天的利息是 5 元，看起来利息好像不多，但年化利率是多少呢？

淘宝贷款年化利率 =5 × 365 ÷ 10 000=18.25%。

很明显，这个年化利率是非常高的。一般的银行贷款利率不超过 5%，淘宝贷款的利率比银行贷款高很多。

很多电商企业一年忙下来利润率只有 10%，如果使用淘宝贷款，年化利率高达 18.25%，年底一算账可能发现根本没有挣到钱，反而赔钱。因此，淘宝贷款能不用就不用，如果实在需要贷款，可以考虑直接向银行贷款。

如果管理者非要使用淘宝贷款，那么财务人员可以现场算一笔账，让管理者知道这样做会产生不必要的、高额的利息支出。

7.3.2 利润及利润率管理

除了现金流，电商企业还要重点关注利润。笔者曾遇到过一位电商企业的管理者，他不算账，只看现金流，一年下来他觉得自己挣钱了，但实际上全年的销售额有一千多万元，亏损就高达两百多万元。

电商企业应该从哪些方面做利润管理呢？

电商行业有很多特性，电商企业要从中找出关键点，分析每一项业务或数据对利润的影响。例如，下面这些问题就是很好的切入点。

- 生意不好，需要加大推广力度吗？
- 要不要接受战略性的亏损？
- 主推 SKU（最小存货单位）要不要降价销售？
- 热销款跟利润款的比例设置为多少合适？

这四个问题看起来好像跟财务人员没有什么关系，但要想做好财务管理，就要深入到业务中，为管理者或业务部门提供参考意见，或者做出风险提示。

先看第一个问题。是否需要加大推广力度要看情况，不仅要看现金流，还要看回报率。如果回报率不高，那么做再多的推广都没有用。如果产品在导入期、成长期或成熟期，那么可以加大推广力度；如果产品在衰退期，那么加大推广力度并没有多大作用，最好直接降价促销。

以服装为例，如果卖的是夏季服装，那么可以在春季末、夏季初、夏季中加大推广力度，到了秋季就要赶紧降价，把库存清理掉，这样才不会亏损。服装是季节性的商品，款式每年都会变，如果当季没卖出去，很可能会积压在仓库里面。这些库存不仅占用了资金，而且到了下一年可能因为褪色或款式不流行了而卖不出去，直接造成亏损。

因此，很多时候，是否需要加大推广力度不能光看推广费用的多少，而要看盈亏平衡点。只要找准这个点，就能准确地判断出是否需要加大推广力度。

第二个问题跟第一个问题一样，也需要找到盈亏平衡点，此外还要评估市场影响力。如果这项业务是赚钱的，能给企业带来大量的现金流，暂时性的亏损不影响企业的发展，就可以接受战略性的亏损。

例如，京东物流一直是亏损的，但它带动了电商业务的发展，而电商业务才是京东最重要的现金流来源。因此，即使京东物流一直亏损，京东也不会放弃这项业务。

接着看第三个问题。仍以服装为例，如果不降价销售，就很可能造成库存积压，现金流也会受到影响；如果降价销售，就有可能击败竞争对手，从而获得长期的回报。产品都是有生命周期的，合理的财务管理能延长产品的生命周期。当然，价格降多少需要做测算，最起码要实现盈亏平衡。

最后看第四个问题。热销款并不等于利润款。热销款的利润有时候并不高，但推广费却很高。热销款可以给企业带来现金流，提高企业的资金周转率。利润款的利润很高，有时候甚至需要涨价销售。一般来说，电商企业可以把热销款和利润款的比例设置为 5∶1。

上面的四个问题是很多电商企业在实际经营中都会遇到的问题。财务人员只有深入了解电商企业的各项业务，才能在分析和解决这些问题的过程中提供有用的建议，充分体现自身的价值。

7.3.3 预决算管理

做预决算前，财务人员一定要理解这样一句话："先有鸡还是先有蛋不知道，但先吃草才能有牛奶是确定的。"这句话的意思是，做预决算必须有目标，要根据目标做预决算。

下面以预算管理中的两个典型问题为例进行说明。

怎么计算店铺员工的合理数量？

以大件客服为例，GMV= 客单价 × 询单转化率 × 询单量，客服人员数量 = 每天询单量 ÷ 单个客服的工作量 ×0.5–0.75。

只有先算出店铺的订单量和销售额，然后算出对应的工作量，才能算出客服人员的合理数量。

每个月可以花多少推广费？

一般来说，电商企业可以根据销售收入确定推广费的比例，推广费一般应低于销售额的 15%。当然，还要考虑同比、环比的增长率。

GMV= 流量 × 转化率 × 客单价，用这个计算公式可以倒推出来流量的采购成本。

简单总结一下，所有的预算都是根据预计的现金流入或销售额推算出来的，并不是凭空产生的。

7.3.4 成本管理

很多生产企业都会设置成本会计这个岗位，由其专门核算成本、开展成本管理。不少电商企业不重视成本管理，但电商企业同样需要做成本管理，这也是财务人员可以充分体现自身价值的工作领域。

哪些成本可以降低？供应链如何降本增效？哪些钱白花了？这些问题是所有财务人员都要关注和分析的。

以供应链降本增效为例，财务人员必须知道供应链成本管理的关键点有哪些。其实，关键点只有三个——下大单、给现金、会算账。

下大单可以体现企业的议价能力。例如，一开始物流公司可能并不想跟企业议价，但只要企业下的订单足够多、足够大，就可以在议价过程中占据主导地位。

给现金可以提高资金的利用率。可能有人会问："前面不是说要保证现金流吗？为什么这里却说要给现金呢？"这里说的给现金是阶段性地给现金。例如，新品刚上市，企业结算物流费一定要快，不要拖一两个月才结算，否则就会影响发货效率，对新品销售产生负面影响。

会算账不仅是指财务人员会算账，更重要的是采购人员熟悉各类产品的成本。如果采购人员不了解产品的成本，就可能会高价采购，这会导致企业资金流失、产品竞争力降低。

成本管理其实也是利润管理、资金管理的一部分，因为所有业务都是环环相扣的。

7.3.5 存货管理

存货管理让很多电商企业的管理者感到非常头疼。存货管理看起来好像跟财务管理没有多大的关系，财务人员为什么要了解存货管理呢？这主要是因为进销存数据的准确性会影响财务核算的准确性。

例如，遇到账实不符的情况，应该怎么处理呢？

账实不符，无非是以下几种原因导致的：

- 少申报收入；
- 货已经卖出去了但账上没做出库；
- 自然灾害导致损失。

如果是少申报收入，就要补申报之前没申报的收入；如果是货已经卖出去了但账上没做出库，就要及时补出库手续、补记账；如果是自然灾害导致损失，就要向税务机关报告，及时做资产损失处理。

上述三种情况可能还会导致企业有大量的留抵税额。如果是商品损失、市场价格变动产生的留抵税额，那么申请退税当然没有问题；如果是少申报收入产生的留抵税额，那么肯定不能随便申请退税。如果强制退税，就要把之前少申报的收入补申报上去，这是唯一的风险较低的做法。注意，集中开进项发票用于抵扣然后申请退税的做法风险极高。

简单总结一下，存货管理做好了，财务数据才会准确，企业的风险才会降低。

7.3.6 往来账款管理

往来账款管理主要是对货款付款周期、借款和收款周期的管理。

不少电商企业的管理者支付货款时习惯把钱从公司账户转到个人账户，再用个人账户向供应商付款，因此公司的账上有很多笔股东往来款。

用个人账户支付货款的做法会给企业带来很多问题。第一个问题是需要补缴分红个人所得税，第二个问题是无法证明企业的经营成本，尤其是在个人消费支出与货款混在一起并用同一个账户付款的情况下。

对电商企业来说，除了股东往来款，还有一种很重要的往来款——货款。在大部分情况下，采购的时候都不会直接支付货款，而是约定某个周期支付货款，如月结、季结、半年结等。财务人员要尽可能地调整付款周期，维护好企业的现金流，尤其是在年底的时候。

财务人员去面试的时候，可能会被问一个问题："如果公司没钱了，财务人员应该怎么做？"贷款和收回货款都是常规操作，不太容易想到的操作是应该付给供应商的钱先不付，总结成一句话就是"该收的钱先收回来，该付的钱先不付"。

要想做好往来账款管理，一要管理好风险，二要把控好现金流。这两个方面都是企业的命脉，企业只有把命脉掌控在自己手里，才能持续地发展壮大。

7.3.7 纳税筹划落地实施

优秀的财务人员，除了记账报税，还有一项非常重要的工作，那就是帮助企业降低财税合规风险，做合法合理的纳税筹划。

税是由业务产生的，要想做合理的纳税筹划，就要对业务做合理的调整。只有先认识税的本质，财务人员才能一步一步地完成纳税筹划的落地实施，帮助企业降低风险。

纳税筹划落地实施的要点如下。

（1）界定法律关系：明确说明店铺采用自营模式还是代销模式，签署相关合同，商品详情页要做好公示，相关税种要做核定。

（2）明确业务的归属：人员归属要明确，不要混在一起，货品归属权要清晰，收入和成本要匹配。

（3）资金和账务处理：资金流和收入要匹配，账务处理要清晰，申报的数据要准确。

上面这些多半是管理者不懂的，管理者不懂的地方才是体现财务人员价值的地方。

7.4 电商企业财务人员如何提升绩效

前面介绍了很多内容，大部分财务人员实际操作一下就能学会。但是，很多财务人员并没有意识到自己也需要提升绩效，下面介绍电商企业财务人员提升绩效的几个思路。

7.4.1 向管理者提供财务分析报告和建议

财务人员可以向管理者提供财务分析报告和建议，例如，预算管理、现金流管理的核心都是分析。那么，电商企业的财务人员应该分析什么？以什么形式分析？应该得出什么结论？

很多人把重点搞错了，重点不是数据和报告本身，而是分析的目的。例如，企业打算引进一套人工成本管理系统，引进这套系统的目的是什么呢？当然是有效地控制甚至降低人工成本。做财务分析也一样，目的才是重点。

不管做什么方面的财务分析，都要先明确目的，再确定合适的形式，最后不要害怕下结论。财务人员做完分析后，没有得出任何结论，或者得出不同的两个结论，让管理者自己做选择，这样的分析在绝大多数情况下毫无意义。

7.4.2 从财务角度指导业务

从财务角度指导业务也叫“业财融合”，简单来说就是财务不能给业务“挖坑”，而且要变得更加专业。

下面以“促销方案 A/B 测试”为例进行说明。某店铺打算做促销活动，直接降价好还是赠送小物品好呢？凭直觉做决策肯定是不行的，更科学的做法是做 A/B 测试，两种促销方案都试一下，一种方案是直接降价销售，另一种方案是赠送小物品。等产生订单、销售完成后，财务人员算一下账，就能得出结论，也许是其中一种方案好、另一种方案不好，也许是两种方案都不好。

以服装店为例，赠送的小物品是衣架，不管送 1 个还是送 2 个，都要先试一下，然后看结果。有一家店铺见同行推出了买 1 件指定商品送 1 个衣架的促销活动，于是打算推出类似的促销活动。运营人员的建议是买 1 件指定商品送 2 个衣架，因为他认为送 2 个衣架更有吸引力。这时，财务人员对送 1 个衣架和送 2 个衣架的方案进行了测算，发现这两种方案的效果差不多。但是，该店铺每个月有 10 万笔订单，单个衣架的成本是 2 元，如果送 2 个衣架，10 万笔订单就会带来 40 万元的衣架成本。店铺管理者听了财务人员的汇报之后决定送 1 个衣架。这个例子说明了“从财务角度指导业务”是能够创造价值的。

上面强调了测试的重要性，那么新品如何做测试呢？这里用一句话总结：“先找到‘爆款’的特征，然后测试、验证相关指标，最后大规模地生产和销售。”如果已经开始大规模销售了，甚至已经做账了，才发现了很大的问题，很可能就来不及解决问题了，或者代价非常高昂。记住，前期的准备工作是有价值的。

在电商行业中，哪些指标需要财务人员特别关注呢？

像主图点击率、收藏加购率、跳失率、询单率和低价引导转化率之类的指标都是比较容易算出来的，甚至可以直接在后台看到。例如，店铺推广某产品花了 100 元推广费，推广带来了多少加购和收藏都是能算出来的。有了结果，就可以调整推广策略。

上面提到的那些数据都可以作为参考数据，但光有这些数据还不够，财务人员还要向运营人员了解产品的细节，考虑信用卡和花呗手续费、推广费等费用，甚至建立自己的数学模型，这样才能充分运用各种指标对产品和方案做出准确的评估。

很多运营人员都喜欢追求高指标值，但并不是所有的指标值都是越高越好。财务人员要熟悉投资回报率（Return On Investment，ROI）分析，通过 ROI 分析判断是否值得在某些渠道做推广。

要想做 ROI 分析，首先要知道什么是 ROI。对电商企业来说，一般可以用以下公式计算 ROI。

$$\text{ROI}=\frac{1}{1-\text{货品成本占比}-\text{各类平台费用占比}-\text{物流安装费用占比}}$$

ROI 并不是越高越好，而是带来的现金流或利润越多才越好。

例如，ROI=10，投入 1 元，算出来的产出是 10 元；ROI=8，投入 2 元，算出来的产出是 16 元。

在电商行业，很多时候并不是业务规模越大越好，而是利润越高越好。如果业务规模大的时候亏钱，业务规模小的时候挣钱，企业宁愿不把业务规模做大。

电商企业经常需要设计和选择各种促销套餐，很多时候连运营人员也不知道应该怎么选择。不同的促销套餐所产生的现金流及对应的税负是不一样的。

例如，某大型商场是增值税一般纳税人，购货均能取得增值税专用发票，现在有以下三种促销方案可供选择。

- 方案一：商品直接打 7 折销售。
- 方案二：购物满 300 元赠送价值 60 元的商品。
- 方案三：购物满 300 元返还 60 元的现金。

假设该商场销售商品的毛利率为 40%，300 元商品的成本为 150 元，方案二中赠送的 60 元商品的成本为 38 元（价格均为含税价），哪种方案比较好呢？

促销的根本目的是获得更多的现金流。当然，也要考虑税，如果税负过高，也会带来很多问题。下面分别对三种方案进行测算。

方案一：

应缴增值税 =210÷（1+13%）×13%−150÷（1+13%）×13%=6.9（元）；

税后现金净流量 =210−150−6.9=53.1（元）。

方案二：

应缴增值税 =300÷（1+13%）×13%−（150+38）÷（1+13%）×13%=12.88（元）；

税后现金净流量 =300−150−38−12.88=99.12（元）。

方案三：

应缴增值税 =300÷（1+13%）×13%−150÷（1+13%）×13%=17.26（元）；

税后现金净流量 =300−150−60−17.26=72.74（元）。

从现金流和税负的角度来看，方案二更好，因为现金流更充裕；仅从税负的角度来看，方案一更好，因为税负更轻，但做生意主要是为了获得利润，而不是仅仅为了减轻税负，哪怕多缴一点税，也要多赚一点钱；方案三税负最重，现金流也最少。总体来说，方案二最好。

选择促销方案的时候，财务人员要先看现金流，后看税负，最好算一下账；如果还有其他的分析角度，就让相关的专业人员去看。

7.4.3 不仅要会花钱，还要会挣钱

财务人员要记住，省钱只能得到暂时的认可，挣钱才能获得持久的认可。

省钱只能解决短期的问题，而挣钱可以解决长期的问题，多挣钱就能解决更多的问题。

有些管理者认为财务纯粹是花钱的岗位。那么，财务人员如何挣钱呢？主要有三个思路。

1. 现有资源再利用

现有资源再利用主要是指利用公司的闲置资金进行理财，包括对公账户和其他账户中的资金，只要这些资金是一段时间内用不上的自由资金，就可以用于购买比较长期的理财产品。有些长期理财产品的回报率最高能达到 6%。如果是短期的自由资金，就可以用于购买自由理财产品，也就是随时可以买入、赎回的理财产品，回报率可以达到 3% 以上。如果可行，甚至可以购买周末的理财产品，因为周末一般都休息，不需要转账付款，周五购买理财产品，周一早上赎回，也能获得一定的收益。笔者遇到过一家企业，该企业一年的理财收入有三十多万元，这个收益算是非常不错的，毕竟有些规模较小的企业一年的利润也才几十万元。

2. 申请补贴和奖励

很多地方政府都会推出各类补贴或奖励政策。例如，做研发的企业一般都能获得某些补贴，如社保补贴、税费补贴等；有些企业有自己的房产，只要符合相关条件，就可以申请减免房产税和土地使用税。

3. 申报高新技术企业

一般来说，申报高新技术企业获批当年，企业就可以获得一笔奖励，以后每年还可以获得专门的项目奖励，此外还有研发补贴。有些高新技术企业一年可以获得三四百万元的补贴和奖励。

以上介绍的就是真正能体现财务人员价值的地方。电商企业的财务人员只完成岗位的基本工作是不够的，还要想办法给企业带来现金流甚至真正的收入，这才是财务人员努力的方向。

节约只能解决短期的问题，而筹资可以解决长期的问题，这种模式能够解决更多的问题。

有些资深会计认为财务部门是花钱的岗位。那么，财务人员如何才能赚钱呢？主要有三个途径。

1.现有资源再利用

现有资源再利用主要是指利用公司的闲置资金进行理财，包括对公账户和基本账户中的资金。只要这些资金是一段时间内用不了的自由资金，就可以用于购买比较长期的理财产品。有些长期理财产品的回报率最高能达到6%。如果是短期的自由资金，就可以用于购买自由理财产品，也就是随时可以买入赎回的理财产品，回报率可以达到3%以上。如果可行，甚至可以购买周末的理财产品，因为周末一般都休息，不需要转账付款，周五购买理财产品，周一早上赎回，也能获得一定的收益。笔者遇到过一家企业，该企业一年的理财收入有三十多万元，这个收益算是非常不错的，毕竟有些规模较小的企业一年的利润也才几十万元。

2.申请补贴和奖励

很多地方政府都会推出各类补贴或奖励政策。例如，搞研发的企业一般都能获得某些补贴，如社保补贴、设备补贴等；有些企业有自己的房产，只要符合相关条件，就可以申请减免房产税和土地使用税。

3.申报高新技术企业

一般来说，申报高新技术企业认证后，企业所得税可以减免一部分，以后每年还可以获得专门的项目奖励，此外还有研发补贴。有些高新技术企业一年可以获得三四百万元的补贴和奖励。

以上介绍的就是财务部门能够实现财务人员价值的地方。由此可见，财务人员只完成岗位的基本工作是不够的，还要想办法为企业带来现金流甚至真正的收入，这才是财务人员努力的方向。

第 8 章

电商税务合规的主体选择

8.1 不同阶段主体类型的选择

主体即店铺的所有者，主体类型即相关法律法规规定的做工商登记时所选择的组织类型。常见的主体类型有个体户、个人独资企业、有限公司、合伙企业、农民专业合作社等，从广义来说也包括符合《网络交易监督管理办法》中规定条件的个人。

所谓“选择主体类型”，就是根据业务需要、《电子商务法》等法律法规及各个电商平台的规定，将电商平台上的店铺与合适的主体绑定，使之成为经营责任人和纳税人。

本章所称的“不同阶段”主要是指不同的经营规模，“不同类型”主要是指组织类型和增值税纳税人类型。

8.1.1 为什么在不同阶段要选择不同类型的主体

任何企业都是从小开始发展的，电商企业也不例外。电商企业要根据经营规模的变化和电商平台的要求选择不同类型的主体，主要原因如下。

1. 不同阶段对主体的要求不同

以抖音精选联盟为例，根据抖音于 2022 年 1 月 27 日发布的《关于电商创作者税务合规的公告》，推广费收入在 500 万元以下的创作者不限制主体类型，但连续 12 个月推广费收入达到 500 万元的创作者的主体类型必须是企业，而且不能是个体工商户和个人独资企业，即登记类型必须是有限责任公司、股份有限责任公司、合伙企业或农民专业合作社等。

2. 不同平台对主体的要求不同

以淘宝和拼多多平台为例，店铺主体类型为个体工商户、个人、企业均可，但天猫和京东平台要求店铺主体类型必须是企业，而且绝大部分类目还要求企业必须是一般纳税人，不符合规定的无法入驻平台。

3. 不同的主体选择对税负影响巨大

个体工商户不需要缴纳企业所得税，但要缴纳个人所得税，按照经营所得适用5%～35%的税率；公司需要缴纳企业所得税，股东分红需要缴纳个人所得税，税率为20%。由此可见，不同类型主体的税负存在巨大的差异。

假设营业额为200万元，各项成本为100万元，应纳税所得额为100万元，那么个体工商户需要缴纳个人所得税284 500元，公司需要缴纳企业所得税240 000元，两种不同类型的主体需要缴纳的税款相差44 500元。

4. 不同主体在合规方面的要求不同

个体工商户可以申请核定征收。核定征收是指由税务机关根据纳税人情况，在正常生产经营条件下，对其生产的应税产品查实核定产量和销售额，然后依照税法规定的税率征收税款的征收方式。核定征收税率低，而且基本上无须考虑成本发票。考虑到大部分电商企业从市场进货的取票成本较高，因此个体工商户是非常适合电商企业的主体形式之一。

公司不能核定征收，必须查账征收。查账征收也称查账计征或自报查账，是指由纳税人依据账簿记载，先自行计算缴纳，事后经税务机关查账核实，如有不符可多退少补的税款征收方式。通俗地说，就是公司必须建账报税。公司计算税款时，必须先取得发票，才能扣除。这种征收方式适用于账簿、凭证、财务核算制度比较健全的企业。

基于以上四个原因，电商企业要想进行系统的纳税筹划，就必须以合法合规为前提，遵守相关法律法规的规定和各个电商平台对主体类型的要求，运用合理的方法，做到既符合规定又能减少经营风险，从而降低税负。

8.1.2 不同主体类型选择的差异和评估原则

原则一：符合平台入驻规定

在各大电商平台上经营的主体必须符合平台对经营主体和增值税纳税人类型的要求。

例如，淘宝对主体类型没有限制，个体工商户、小规模纳税人公司均可；天猫除了少部分类目，绝大部分类目要求主体必须是一般纳税人公司。

原则二：降低税负

合规是目的，降低税负是基础，因此电商企业一定要尽可能满足相关条件，享受相关的税收优惠政策，从而降低税负。例如，如果电商企业属于小型微利企业，就可以享受企业所得税优惠政策。

原则三：管理成本低

经营企业必然会产生成本，不同类型的企业管理成本会有很大的不同。以小规模纳税人和一般纳税人为例，小规模纳税人按季度申报，一般纳税人按月度申报，仅从申报频率这个角度来看，一般纳税人申报所产生的管理成本就是小规模纳税人的3倍。

很多电商企业的财务管理制度不够健全，委托代理记账机构作为记账报税服务提供方。小规模纳税人的代理记账服务费一般约为200元/月，一般纳税人的代理记账服务费则普遍在1000元/月以上，管理成本差异较大。

8.1.3 主要电商平台对主体的要求

下面介绍几个主要电商平台对主体的要求。

（1）淘宝：不限制主体类型和纳税人类型，个人也可以入驻开店。店铺分为企业店铺和个人店铺，企业店铺带有“企”字标识。

（2）天猫：主体类型必须是企业，极少数类目的增值税纳税人类型可以是小规模纳税人，包括鲜花速递、特色手工艺品、图书、节庆、珠宝、水产肉类、家居饰品、服务大类等（以平台规则为准），除此之外的类目的增值税纳税人类型必须是一般纳税人。

（3）京东：以POP店铺为例，主体类型必须是企业，增值税纳税人类型是一般纳税人。

（4）拼多多：不限制主体类型和纳税人类型，个人也可以入驻开店。

（5）抖音：以抖音小店为例，主体类型必须是企业，不限制纳税人类型。

（6）唯品会：以 Market Place 开放平台为例，主体类型必须是企业，增值税纳税人类型是一般纳税人。

8.1.4 不同阶段的主体类型选择建议

增值税纳税人可以分为小规模纳税人和一般纳税人。以销售商品为例，小规模纳税人的征收率为 3%，不可抵扣，开具增值税普通发票；一般纳税人的征收率为 13%，若取得进项发票，则可以抵扣，开具增值税专用发票。

结合主要电商平台对入驻店铺主体类型的要求，建议电商企业在不同阶段选择不同的主体，具体建议如下。

（1）年营业额在 500 万元以内，在淘宝、拼多多和抖音平台上开店，主体类型最好选择个体工商户或公司，考虑到大部分电商企业取票有一定难度，增值税纳税人类型最好选择小规模纳税人。如果是个体工商户，那么最好选择核定征收。

（2）年营业额在 500 万元以上，增值税纳税人类型必须是一般纳税人，因此主体类型通常选择公司，虽然个体工商户也可以是一般纳税人，但个人经营所得超过 50 万元时要按照最高档税率 35% 缴纳个人所得税，税负成本显然过高。

8.2 店群企业的架构搭建

架构可以理解为企业的股权结构和组成形式，很多大型电商企业都有复杂的架构。电商企业搭建架构的目的是充分利用不同的主体类型和股权关系，提高经营管理的效率并降低风险。

8.2.1 店群企业的业务概述和主要问题

店群企业是指经营多家店铺，以相同或相似的品牌，在多个平台上销售相同或相似商品的企业。不同店铺的员工往往在一起办公，目的是充分利用不同平台的优势，低成本地扩大业务规模，获得更高的经营收益。店群企业常会混合使用个体工商户、公司、合伙企业等主体类型。

店群企业的主要问题如下。

（1）被认定为恶意拆分的风险。店群企业常是“一套人马，几块牌子”，这是组织结构和业务混同的常见表现，一旦被税务机关认定为恶意拆分，店群企业就会面临逃税处罚。

（2）关联交易的风险。由于业务界定不清晰，而且缺乏有效的市场监管，店群企业里面的不同业务主体之间存在大量的关联交易，既没有合理的定价，也不遵循“四流一致”原则，这会给企业的财税合规带来很大的风险。

（3）被认定为非法集资的风险。一些店群企业的实际控制人为了建立利益分配机制，增强团队成员的归属感，要求团队成员变成所谓的“合伙人”并出资，但这些并没有体现在工商登记和书面合作协议上，只是做了简单的口头约定。这种行为一旦被认定为非法集资，就会给企业带来巨大的法律风险。

8.2.2 店群企业架构搭建的关键点

店群企业架构搭建的几个关键点如下。

1. 合理安排业务，规避多主体经营及主体之间关联交易所带来的涉税风险

店群企业可以根据实际业务需要注册和经营多个主体，但不能以偷税漏税为目的进行恶意拆分。例如，不同电商平台对主体类型的要求不同，店群企业为了方便管理，可以设立个体工商户、有限公司作为店铺主体。

各主体之间的业务往来必须是真实的，相关定价应该是公允的市场价格。在价格公允的基础上，店群企业可以利用定价合法合理地分配利润。例如，店群企业可以设立一家采购公司，专门承接销售公司的采购业务，采购公司本身可以获得合理的利润，同时销售公司的增值税和所得税税负也降低了。

店群企业要用好相关的优惠政策，如不同地区的税收返还政策、小型微利企业和小规模纳税人税收优惠政策等。此外，一些电商行业发展较好的地区设立了跨境电商保税区，这些保税区对不具备生产能力的外贸企业或其他单位出口货物免征增值税，对相应的进项税额予以退还。这些政策对跨境企业来说十分有利，可以降低其经营成本。

2. 建立合理的架构，避免内外部管理风险

店群企业要避免员工直接持股造成控制权争夺；让企业股权架构更清晰，避免股东个人直接持股；让业务更清晰，规避涉税风险。

3. 建立三层结构，避免承担无限连带责任

三层结构的第一层是合伙企业，第二层是实际经营业务的有限公司，第三层是根据业务实际需要设立的独立的设计、运营、仓储、物流公司。

有限公司对外开展业务，其股东承担有限责任。一定要避免个体工商户直接对外开展业务，因为个人要承担无限连带责任。

建立三层结构可以合法地降低股东税负。例如，公司向个人股东分红时，个人股东要按 20% 的税率缴纳个人所得税；公司向合伙企业股东分红时，可以先扣减相关的成本，合伙人再缴纳个人所得税，实际税负就变轻了。

8.2.3 店群企业架构搭建的步骤及注意事项

店群企业架构搭建的步骤及注意事项如下。

1. 搭建控制层

店群企业的股东先成立有限合伙企业，实际控制人成为普通合伙人，其他股东成为有限合伙人。普通合伙人对合伙企业债务承担无限连带责任，有限合伙人仅需以认缴的出资额为限对合伙企业债务承担责任。这样安排可以增强普通合伙人的决策权，同时降低有限合伙人的风险。

2. 搭建业务层

店群企业根据实际经营需要设立多家有限公司，分别绑定不同的店铺，同时根据各个电商平台的要求进行主体变更。若经营产品相同且实际业务混同，则不建议拆分，以免被税务机关认定为恶意拆分。如果有相应的店铺合伙人（负责店铺经营并按照利润获得分红或取得报酬），那么由合伙企业和店铺合伙人共同持有公司股份。

3. 拆分业务单元并重新组合

店群企业旗下店铺众多，不可能每家店铺都建立自己的仓储物流团队、设计团队、客服团队等。店群企业可以设立一些专门负责这些业务的公司，公司股东为合伙企业和相应团队的合伙人，由这些公司统一向所有店铺提供服务，但前提是遵循业务真实、定价合理的基本原则。

8.3 无货源电商的风险把控

无货源电商是指店铺不掌控货源，货源所有权归第三方，由第三方发货并提供售后服务，但店铺会加价售卖货物的电商经营模式。例如，某淘宝店铺销售某些商品，但不掌控货源，消费者下单后店铺上 1688 网站找相应的厂家或批发商下单，由厂家或批发商发货并提供售后服务。店铺实际上向厂家或批发商采购了货物，但并不与厂家或批发商签订采购合同，只是按照电商平台要求处理纠纷和售后问题。

无货源店铺通常会大批量地上架商品，数量可能多达几千种甚至上万种，但一般不做付费推广，只依赖平台的自然推荐和免费流量完成销售。

无货源电商存在容易侵权、商品质量难以把控等劣势，但总体成本低，有订单就有收入，因此受到了一部分运营能力较强的企业和个人的追捧。

8.3.1 无货源电商的主要涉税风险

无货源电商的主要涉税风险如下。

1.“四流”不一致

商家无货源，消费者在 A 店铺（商家的店铺）下单后，商家向 B 店铺下单，由 B 店铺发货。消费者并不清楚自己购买的商品是由 B 店铺发货的，B 店铺也不清楚真正的客户不是下单的商家，而是消费者。这会导致合同流、物流不一致，而“四流一致”是税务机关分析电商企业业务的重要依据，所以这会给电商企业带来一定的风险。

2. 无法取得采购发票

无货源电商在本质上利用的是消费者和厂家或批发商之间的信息差，其核心竞争力是价格低，因此采用这种模式的电商企业一般不与厂家或批发商签订采购合同，在大部分情况下无法取得采购发票，这会导致此类电商企业在税务上难以合规。

3. 存在加价售卖的行为，虽然是代销，但视同直接销售

无货源店铺认为自己挣的是差价，应被认定为代销模式，只需要按照手续费确认收入。但是，按照手续费确认收入的前提是不存在加价售卖的行为，要由委托方也就是厂家或批发商定价，并且消费者要明确地知道由厂家或批发商负责销售、发货并提供售后服务。因此，无货源店铺只能按照视同直接销售确认收入，不能按照差价确认收入。

8.3.2 无货源电商如何降低涉税风险

无货源电商降低涉税风险的方式主要有两种。

1. 不加价售卖商品，只获取佣金

无货源店铺可以通过与厂家或批发商约定佣金比例或通过淘宝客平台等实现不加价销售，只收取佣金。店铺可以按照委托代销模式，将手续费确认为经营收入。这样做有两个好处，一是全部收入都是服务费收入，如果是一般纳税人，征收率只有6%（若是销售收入，则征收率为13%）；二是不用担心销售商品带来的税务风险，因为销售方是拥有货物所有权的厂家或批发商，它们直接为客户开票，无货源店铺不用承担销售商品所产生的税费。

2. 选择能开具发票的供应商

京东自营3C数码产品、当当自营图书，天猫超市自营折扣产品都是可供选择的货源。也就是说，无货源店铺可以把这些平台当作供应商。这些平台都支持开具发票，而且可以开具增值税专用发票，因此无货源店铺可以从这些平台进货后加价售卖，而且完全合规。

8.3.3 无货源电商风险把控措施及要点

无货源电商风险把控措施及要点如下。

（1）改变业务模式。如果销售的是无法取得发票的商品，就从加价销售改为平价销售，或者由供应商定价，从直接销售变成代销，只收取手续费。

（2）调整供应商。针对加价销售的商品，选择可以取得发票的供应商或货源，如京东、当当和天猫平台的自营商品。

8.4 主体变更的适用场景及相关风险的控制

简单来说，主体变更就是店铺和品牌不变，但经营店铺和品牌的公司从 A 公司变成 B 公司。以天猫平台为例，新老主体具备同一控股股东或同一实际控制人，或者老主体为品牌代理商、新主体为品牌商体系内公司且商标近 6 个月内未发生过转让，店铺入驻天猫达到一定期限，方可申请主体变更。

主体变更不影响店铺的正常经营，但由于经营主体发生了变化，必须重新评估新主体的信用，因此会对店铺信用及相关的信用服务产生一定的影响。

8.4.1 主体变更可以解决什么问题

主体变更就是将店铺原先绑定的主体变更为新的主体，变更完毕后，店铺所发生的一切经济活动都会被记录到新的主体上。

主体变更主要可以解决两个问题：

- 解决企业内部业务归属和管理问题，反映真实业务；
- 解决历史遗留涉税问题，剥离风险。

8.4.2 各大电商平台主体变更的流程及相关要求

1. 淘宝

在淘宝平台上做主体变更，实际要进行的操作是“店铺过户”，需要变更店铺认证主体和绑定支付宝，店铺过户前后不影响正常经营，而且没有次数和时间的限制。

入口位置：千牛—店铺—店铺管理—店铺信息—店铺过户（见图 8-1）。

图 8-1 店铺过户

过户对象有三个选择，可根据实际业务需要和规划确定。

（1）转让给当前主体法人或法人所属其他公司

共有 5 个步骤，分别是规则校验、填写资料、阅读须知与签署协议、缴纳服务费、冻结保证金，服务费为 200 元，如图 8-2 所示。

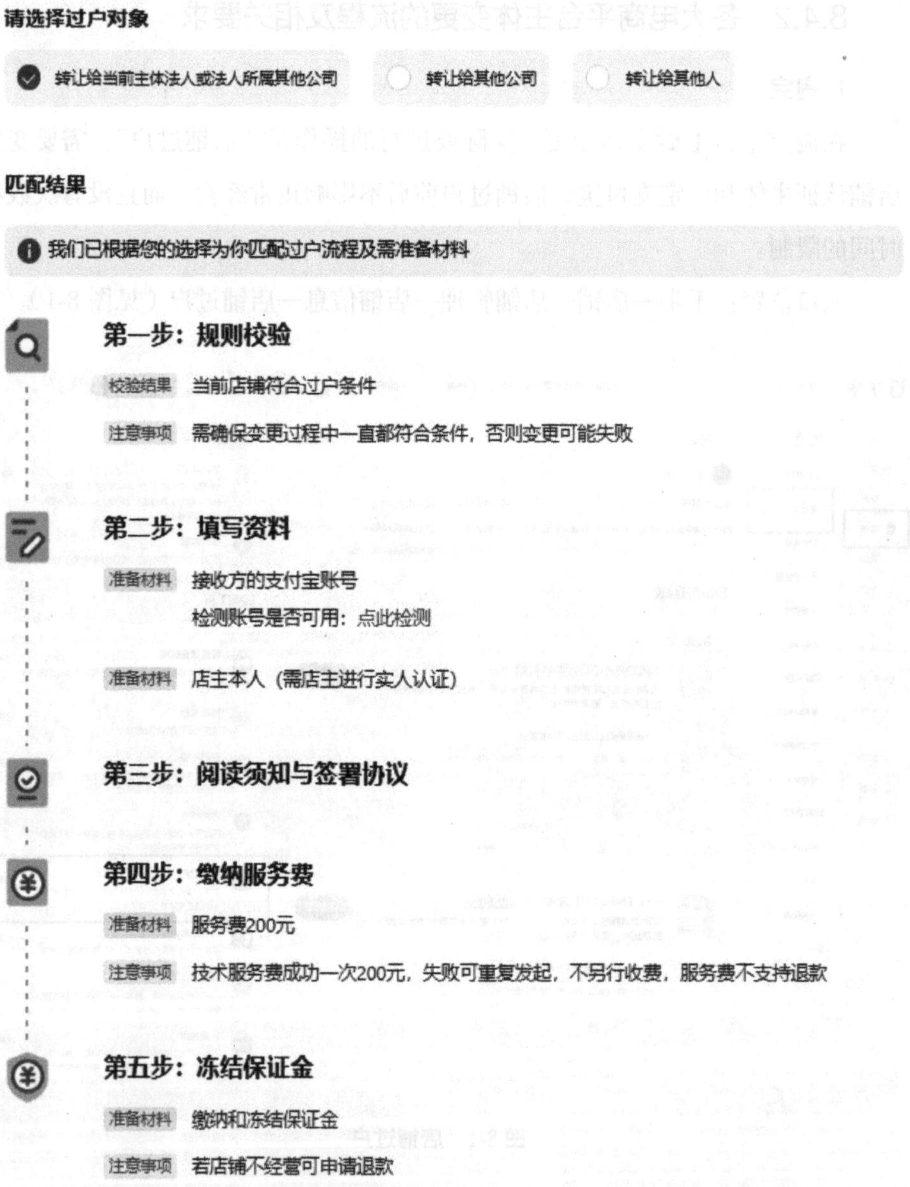

请选择过户对象

转让给当前主体法人或法人所属其他公司　转让给其他公司　转让给其他人

匹配结果

我们已根据您的选择为你匹配过户流程及需准备材料

第一步：规则校验

校验结果　当前店铺符合过户条件

注意事项　需确保变更过程中一直都符合条件，否则变更可能失败

第二步：填写资料

准备材料　接收方的支付宝账号
检测账号是否可用：点此检测

准备材料　店主本人（需店主进行实人认证）

第三步：阅读须知与签署协议

第四步：缴纳服务费

准备材料　服务费200元

注意事项　技术服务费成功一次200元，失败可重复发起，不另行收费，服务费不支持退款

第五步：冻结保证金

准备材料　缴纳和冻结保证金

注意事项　若店铺不经营可申请退款

图 8-2　转让给当前主体法人或法人所属其他公司

（2）转让给其他公司

新老主体需要分别操作，各有 5 个步骤，如图 8-3 所示。

请选择过户对象

转让给当前主体法人或法人所属其他公司　转让给其他公司　转让给其他人

匹配结果

我们已根据您的选择为你匹配过户流程及需准备材料

申请方看这里

第一步：规则校验

校验结果　当前店铺符合过户条件

注意事项　需确保变更过程中一直都符合条件，否则变更可能失败

第二步：填写资料

准备材料　接收方的支付宝账号

检测账号是否可用：点此检测

注意事项　需账号认证人或认证企业的法人扫脸实人认证

第三步：阅读须知与签署协议

第四步：缴纳服务费

准备材料　服务费200元

注意事项　技术服务费成功一次200元，失败可重复发起，不另行收费，服务费不支持退款

第五步：等待接收方处理

接收方看这里

第一步：开启流程及协议签署

第二步：账号手机号验证

注意事项　需接收方认证人或认证企业的法人扫脸实人认证

注意事项　手机号码绑定阿里系账号不超过5个

第三步：店铺信息确认

第四步：缴纳保证金

准备材料　缴纳和冻结保证金

注意事项　若店铺不经营可申请提取

第五步：完成变更

图 8-3　转让给其他公司

（3）转让给其他人

共有 5 个步骤，如图 8-4 所示。

需要特别注意的是，选择“转让给其他人”时，按照《网络交易监督管理

办法》的规定，年营业额超过 10 万元就需要办理工商登记，也就是需要绑定营业执照。

图 8-4　转让给其他人

2. 天猫

天猫是国内电商平台中最早支持主体变更的，其主体变更流程非常成熟。天猫店铺分为三种，分别是旗舰店、专卖店和专营店，旗舰店和专卖店可以进行主体变更，专营店无法进行主体变更。

入口位置：店铺后台—店铺设置—新增品牌 / 类目（见图 8-5）。

图 8-5　天猫店铺主体变更入口

进入“品牌管理”页面，切换到“资质管理”标签页，如图 8-6 所示。

天猫商家 | 品牌管理

商家中心首页 > 品牌管理

品牌&类目管理　资质管理　渠道管理

已授权品牌　申请中品牌

品牌　请输入品牌名称　品牌/类目状态　请选择　确定

申请新品牌　补缴保证金　申请新品牌　1/1

品牌名称　品牌LOGO　申请时间　品牌状态　操作

没有数据

图 8-6　“品牌管理”页面

进入“我的资质管理”页面，找到“店铺经营主体变更”选项，如图 8-7 所示。

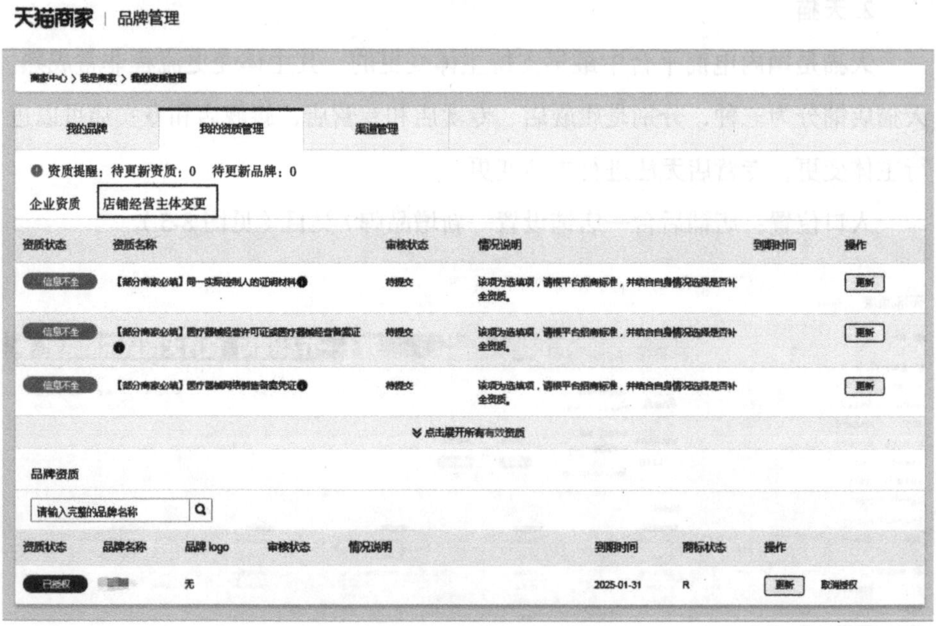

图 8-7 “我的资质管理”页面

天猫店铺主体变更要求为：新老主体具备同一控股股东或同一实际控制人（适用于旗舰店、专卖店）；老主体为品牌代理商，新主体为品牌商体系内公司且商标近 6 个月内未发生过转让（适用于旗舰店）。

同一控股股东包括两种情形：

- 老主体和新主体存在相同的持有 50% 以上股份的 1 名或多名股东；
- 老主体和新主体存在相同的表决权足以对股东会、股东大会决议产生重大影响的 1 名或多名股东。

同一实际控制人是指老主体和新主体的实际控制人相同。实际控制人可能不是公司股东，但通过投资关系、协议或其他安排，能够实际支配公司行为。由此可见，不管是同一控股股东或同一实际控制人，其与主体的关系都是控制关系，可以决定公司未来的经营方针和投资计划。

品牌代理商是指以非自有品牌入驻天猫的公司。品牌商体系内公司是指商标权利人及与商标权利人存在控制关系的公司。

天猫店铺主体变更注意事项如下。

- 天猫备案公示的星级运营服务商可以作为店铺新主体（适用于旗舰店）。
- 现主体和新主体具备同一控股股东或同一实际控制人且控制关系存续6个月及以上（适用于旗舰店）。
- 店铺入驻天猫须满6个月。
- 申请变更主体时，店铺未参加“双11”、“双12”、聚划算、淘抢购、众筹等促销活动。
- 申请变更后，若新主体在天猫开设多家店铺，则不同店铺经营的品牌及商品不得重复。

3. 京东、拼多多和抖音

在京东、拼多多和抖音平台上变更主体需要联系运营“小二”，由其提交审核资料，完成主体变更。目前，这三个平台都规定，新老主体股东和法定代表人相同，方可变更主体。

拼多多平台店铺主体变更申请表如图8-8所示。

8.4.3 主体变更适用于哪些场景

主体变更主要适用于以下场景。

1. 企业内部业务归属调整

例如，很多企业在刚开始做电商业务的时候，可能由于不熟悉平台规则，或者不确定电商业务能做到多大的规模，虽然设立了单独的电商部门，但直接用工厂或品牌公司的营业执照在电商平台上开店，后来发现无论成本核算还是日常管理都很不方便（例如，充值推广费需要按照原有的线下流程办理，效率很低），因此设立了单独的电商公司，而店铺的主体并没有更换，无法反映真实的业务，此时变更主体就能解决相关的问题。

2. 代理商或代运营公司调整

例如，某电商企业刚开始授权A代理公司开设了品牌店铺，后来由于业

拼多多开发者账户主体变更申请表（企业–企业）

申请人基本信息

转出方	名称	统一社会信用代码
	通信地址	
	联系电话	电子邮箱
接收方	名称	统一社会信用代码
	通信地址	
	联系电话	电子邮箱

上述各方合称“申请人”

目标开发者账户基本信息

应用/服务名称		MALL_ID
提现账户名	（原开发者绑定银行卡账户名，非开户行名称）	提现银行账号

申请人陈述与保证

1. 转出方系目标开发者账户的注册主体（以下简称“目标账户主体”），现因业务调整，拟将目标账户主体变更为接收方，接收方亦同意接收目标开发者账户。因此，转出方与接收方在此共同向拼多多（即拼多多开放平台的运营方，下同）申请变更目标账户主体为接收方，同时将目标开发者账户的全部相关权益转让给接收方。

2. 转出方保证其对目标开发者账户独立享有合法且全面的管理及处分权利，并已经完成本次目标账户主体变更所必须的所有内部决议、审批、授权等，目标开发者账户及全部相关权益的转让不会违反任何对其适用的法律法规、政策或协议，不会侵犯任何第三方的合法权益，不会导致任何第三方向拼多多和/或其关联方主张任何权利或提出任何诉讼、索赔。

3. 申请人保证其不存在因违规被拼多多开放平台清退的情形，同时，截至目标账户主体变更申请提交时，目标开发者账户不存在任何违规情形。

4. 接收方清楚知晓，转出方已签署现行有效的《拼多多开放平台开发者协议》（以下简称“开发者协议”），接收方已经充分了解开发者协议及拼多多开放平台规则的全部内容，包括其中限制开发者账户主体权利、加重开发者账户主体义务和责任的所有条款，同意承继转出方在开发者协议及拼多多开放平台规则项下的全部权利和义务，自愿受其约束。

5. 申请人理解并同意，拼多多有权就申请人提交的目标账户主体变更申请及相关申请材料进行审查，并决定是否准许变更。拼多多经审查准许变更的，将按照开发者协议约定的通知方式通知申请人。申请人应在接到通知后，自行交接账号、密码等安全信息，并自行登录开放平台，按照开发者协议和/或拼多多开放平台规则之规定更新或补充开发者信息、提现信息及相关资质证明文件等。

6. 转出方与接收方共同保证，其对目标开发者账户在主体变更前后的全部行为承担连带责任。拼多多发现目标开发者账户存在任何违反法律规定、开发者协议或拼多多开放平台规则情形的，有权决定要求转出方或者接收方承担相应的责任；同时，拼多多有权依据目标账户主体变更前后的账户信息（包括账户主体信息、绑定银行提现账户、银行提现手机号、相关人员信息、联系方式等）判断目标开发者账户与平台其他开发者账户的关联关系，并据此适用开发者协议及拼多多开放平台规则就关联账户的相关规定。

7. 转出方与接收方共同保证，已经就目标开发者账户及相关权益转让的全部相关事宜协商一致并达成合意，包括但不限于目标开发者账户内资金（如有）的处理方案，并保证自行就目标账户主体变更情况向其用户进行通知并取得用户对变更事项的确认。拼多多无需退还转出方此前已经缴存的保证金或其他任何费用（如有），无论在目标账户主体变更前或变更后，拼多多均有权按照系统规则，基于当时的账户主体信息、提现信息等处理开发者账户管理、资金提现相关事宜，申请人清楚知晓前述情况，并同意承担相应的后果。如用户对目标账户主体变更产生质疑或发起投诉、主张任何权利的，由申请人自行处理并承担全部后果和法律责任。

8. 转出方与接收方共同保证，其在本目标账户主体变更过程中向拼多多和/或其关联方所作的任何陈述，以及提交的所有信息、文件、证照等材料均真实、准确、合法且持续有效，若提交的文件、证照为复印件，则保证复印件与原件一致。

转出方（盖章）：	接收方（盖章）：
法定代表人：	法定代表人：
时间：　年　月　日	时间：　年　月　日

图 8-8　拼多多平台店铺主体变更申请表

务调整，该企业不再代理该品牌了，B代理公司承接了该品牌的电商业务，此时需要将该店铺的主体更换成B代理公司。

3. 纳税筹划调整

一些电商企业在经营早期积累了一定的历史风险，尤其是年代久远的订单，而相关税法和规定一直在变化（例如，在《电子商务法》实施前，个人销售商品如何纳税并无明确规定），因此通过变更主体公司的方式剥离历史风险，从而让店铺尽早实现合规经营。

8.4.4 主体变更的注意事项

在变更主体的过程中需要注意以下事项。

1. 电商平台对新老主体之间的法律关系有一定的要求

目前，除了淘宝店铺转让不需要验证新老主体是否为同一实际控制人，在其他电商平台上转让店铺均须满足新老主体为同一实际控制人或属于同一品牌体系的条件。例如，天猫平台会要求提供律师事务所出具的相关文件，证明新老主体为同一实际控制人，而京东和拼多多平台要求新老主体的股东和法定代表人必须相同。

2. 主体变更可能影响店铺信用及相应的信用服务

主体变更相当于更换了经营者，因此相关的信用服务，如花呗付款、信用卡支付、淘宝贷款等，均会受到不同程度的影响。通常来说，花呗付款和信用卡支付会短期（约一周）无法使用，而淘宝贷款特别是信用贷款会长达几个月没有额度。相关的信用额度都是由系统算法生成的，因此无法人工干预，即使向客服投诉，也无法解决。新主体只能持续提高店铺经营业绩、提升客户体验，一段时间后，系统会自动开通和提升额度。

3. 转让店铺时要参照转让无形资产进行操作并完税

虽然电商平台的店铺并不是严格意义上的无形资产，但目前并没有更合适的参照对象，因此转让店铺时可以参照转让商标、著作权、专利等无形资产进行操作。同时，主体变更主要由电商平台管理，目前并无相关的法律规定，不同地区对涉税问题的认定可能有所不同，因此一般按照转让无形资产进行操作，包括签署合同、付款结算、开具发票等。

转让店铺时，老主体应做如下会计分录。

借：银行存款

　　贷：其他业务收入

新主体应做如下会计分录。

借：无形资产

　　贷：银行存款

最后，特别要注意的是，转让的价格要公允，不建议零元转让，最好去店铺转让平台了解行情，将同地区、同类目的店铺转让价格作为参考。毕竟，如果是成熟的店铺，无论店铺权重还是过往客户的评价，都是有价值的。

第9章

电商企业纳税筹划思路及方法

9.1 电商企业为什么要做纳税筹划

电商企业一定要了解什么是纳税筹划。纳税筹划是指在遵守税法的前提下，通过对经营、投资、理财活动的事先筹划和安排，尽可能取得节税效果，其要点在于“三性”，即合法性、筹划性和目的性。企业进行纳税筹划以后可以合法地少交税，这是所有企业都希望实现的。

电商企业为什么要做纳税筹划？一是因为可以合法地享受少交税的税收利益，二是因为不做纳税筹划的话，成本确实比较高。在企业经营中，对各项业务的开展做好事先筹划和安排是非常有必要的。

9.1.1 纳税是法定义务

电商行业的投资者经常会问一个问题：“我为什么要纳税？”

答案其实很简单——纳税是法定义务。

税收是国家为了实现其职能，凭借政治权力，按照法律规定，强制性地取得财政收入的一种形式，它具有强制性、无偿性和固定性。

9.1.2 纳税筹划是纳税人的基本权利

国家各个方面的建设和发展都要依靠税收，纳税是每家企业必须履行的义务。税是纳税人的一项成本，它是纳税人履行纳税义务时所支付的和潜在支付的各种资源的价值。降低纳税成本是纳税人的一种内在需求、一种利益驱动，合法地降低纳税成本是纳税人的一项基本权利。

其实，很多电商企业经营者只知道纳税是义务，却不知道税法规定纳税人还享有很多权利。

（1）纳税人享受税法规定的减税免税优待，依法享有申请减免税的权利。

（2）纳税人有权要求税务机关对自己的生产经营和财务状况及有关资料等保守秘密，享有要求税务机关保密权。

（3）纳税人享有对税务机关的批评建议权。

（4）纳税人享有财务处置申请权。

（5）纳税人享有委托代理权，可以委托符合资质的税务代理机构进行纳税筹划。

（6）纳税人享有要求税务机关承担赔偿责任权。纳税人如果认为税务机关的具体行政行为不当，使纳税人的合法权益遭受损失，纳税人有权要求税务机关赔偿。

（7）纳税人享有申请退还多缴税款的权利。简单来说，如果纳税人缴纳的税款超过应纳税额，可以向税务机关要求退还。

（8）纳税人享有平等的权利，在同等条件下，同行业纳税人的税率是相同的。

9.1.3 纳税筹划的必备条件

由纳税筹划的定义可知，纳税筹划首先必须是合法的。其次，纳税筹划是相对系统的，要贯穿企业经营活动的全过程，进行综合考虑。最后，纳税筹划具有超前性。这是因为税收风险从来不是出现问题时才有的，而是在过去的交易中就已经产生了，或者说现在发生的税务风险都是在给未来埋下隐患，税务稽查往往会查过去若干年的经营数据就是这个道理。因此，纳税筹划要在开展业务前进行筹划和安排，这样才有实质意义；不然，等到出现税务问题时，等待企业的就只有补税、缴纳罚款和滞纳金了。

纳税筹划具有目的性和筹划性，是在法律许可的范围内进行筹划，不得逾越法律红线，通过对业务进行筹划达到节税的目的，追求节税带来的收益。

9.2 电商企业纳税筹划的三大思路

电商企业纳税筹划的三大思路分别是选择企业组织形式和控制方式、在地域上和产业上合理布局、整合和再造企业经营流程，下面逐一介绍。

9.2.1 选择企业组织形式和控制方式

企业组织形式包括公司、个人独资企业、合伙企业等，不同的企业组织形式在税收征管方面有较大的差异。

1. 纳税规模

根据经营规模，企业可以选择成为一般纳税人或小规模纳税人。以销售货物这项业务为例，一般纳税人的增值税税率是13%，但当企业取得符合抵扣条件的增值税专用发票时，可以抵扣销项税额，税负也不高；如果是小规模纳税人，那么征收率是3%；如果是月销售额在10万元（含）以下的增值税小规模纳税人，免征增值税。

2. 控制方式

对企业组织形式进行控制也会对税产生影响。如果希望享受小型微利企业的税收优惠，就要将企业的经营规模控制在相应的范围内。假设一家企业正在逐步做大做强，就可以考虑是否注册为集团公司，而集团内的控股架构需要提前设计与安排，往下控股时可以考虑注册子公司或分公司，各个方面的细节都要做好控制和选择。

3. 责任形式

在不同的企业组织形式下，企业对外承担的责任也是不一样的。电商企业做纳税筹划时要充分考虑该因素。对个人投资者来说，必须先明确自己能够承担的责任和风险，再做决定。

4. 企业规模

企业规模直接决定了企业是否属于现行政策规定的小型微利企业，现行政策规定的小型微利企业在企业所得税上可以享受很大的优惠。根据《财政部 税务总局关于进一步实施小微企业所得税优惠政策的公告》（财政部 税务总局公告2022年第13号），符合条件的小型微利企业，年应纳税所得额不超过300万元的部分，减按25%计入应纳税所得额，按20%的税率缴纳企业所得税。也就是说，应纳税所得额不超过 300 万元时，实际税负率只有 5%，这对企业来讲是非常好的政策。

9.2.2 在地域上和产业上合理布局

政府为了支持地区经济发展或鼓励某些产业、产品和经营项目的发展，经常会出台一些税收优惠政策，给予扶持性减税、免税。如果电商企业想在这些产业带、经营项目上施展拳脚，就可以充分利用相关政策，提前在地域和产业上做好布局。

1. 税收优惠地区

有些税收优惠地区（简称“税优地”）有税收返还政策，也可以将其理解为财政补贴或奖励。一方面，企业按照经营情况纳税；另一方面，政府给予部分返还，如增值税返还、企业所得税返还，这可以给企业带来一定的现金流。电商企业投资者要多关注经济相对发达地区的税收返还政策，同时要考虑税收返还政策的稳定性。经济相对发达地区的财政能力比较强，返税能给企业带来经济利益，盘活运营资金。

另外，还要注意当地税收返还政策的及时性，能选择按月返还的就不选按季返还的，能选择按季返还的就不选按年返还的。有些地区设置了税收优惠园区，园区在招商引资时会与企业签订协议，约定税收返还的方式、额度等。

2. 产业带

电商企业可以关注产业带是否有合适的园区，进驻园区开展经营，合理合法地享受税收优惠政策。电商行业以贸易为主，因此还要关注当地的物流是否便利，发达的物流有助于企业顺利地开展经营、实现盈利。

3. 利用好税收优惠政策

电商企业要利用好各种税收优惠政策。例如，小型微利企业与非小型微利企业在企业所得税上有非常大的差异。前者按 2.5% 或 5% 的实际税负率缴税，后者按 25% 的税率缴税。面对这道选择题，大部分企业都会选择前者。电商企业及时了解税收优惠政策，并根据税收优惠政策合理控制业务规模，同样可以达到节税的目的。

9.2.3 整合和再造企业经营流程

整合和再造企业经营流程就是在不改变企业经营业务的前提下，对企业的整个业务流程进行重塑，并且在法律定义上同步进行重塑，这是三大思路中难度最高的一种。例如，股东分红是一种收入来源，公司给股东发的工资也是一种收入来源，但两者在征税方面有很大的不同，整合和再造企业经营流程的道理与之相仿。

税务筹划是一项系统工程，要想有效实施，就必须对企业的现有流程乃至与流程有关的人员、人员权利和责任进行梳理、改善和重新设计。

举个例子，有一家卖热水器的电商公司（母公司）提供热水器的设计、调试安装等服务，若该公司不对业务进行设计和拆分，其销售货物的全部收入要依照混合销售的相关规定，按 13% 的税率缴纳增值税。

如果该公司下设独立核算的设计公司（子公司）和调试安装公司（子公司），分别负责热水器的设计和调试安装业务，就可以降低增值税税负。在不考虑其他税收优惠的情况下，母公司独立开展销售货物业务取得的收入，按照 13% 的税率缴纳增值税；负责设计的子公司独立提供设计服务，按照 6% 的税率缴纳增值税；负责调试安装的子公司独立提供调试安装服务，按照 9% 的税率缴纳增值税。企业通过重新设计与安排现有业务显著地降低了增值税税负，这不正是每家企业都希望实现的吗？

9.3 电商企业纳税筹划的五大方法

基于纳税筹划的三大思路，可以归纳出电商企业纳税筹划的五大方法：

- 用好政策；
- 选择最优纳税方案；

- 充分利用税法规定及条款；
- 灵活应用财务会计制度；
- 税负转嫁。

9.3.1 用好政策

用好政策主要是指电商企业要用好税收优惠园区的政策，能够享受返税当然比不能享受返税好。

1. 税收优惠园区

（1）充分利用现行税收优惠政策

我们可以观察规模比较大的行业，例如，医药行业商家的上游都是合规经营的，商家自然也会合规；再如，天猫超市和京东超市中都有销售牛奶的商家，可能进货价是 99 元，零售价是 100 元，利润空间很小，那么这些商家靠什么盈利呢？其实，很多商家会在税收优惠园区设立公司，合法地享受补助，从而获得更多的经济利益。

某园区的税收扶持政策如表 9-1 所示。

表 9-1　某园区的税收扶持政策

税种	园区留存比例	园区扶持标准	
		不高于 50 万元时	高于 50 万元时
		80%	90%
		园区实际扶持比例	
增值税	30%	24%	27%
企业所得税	25%	20%	22.5%
个人所得税	25%	20%	22.5%
增值税附加	30%	24%	27%

（2）税优地园区一般纳税人和非税优地园区一般纳税人税负对比

对比税优地园区一般纳税人和非税优地园区一般纳税人的税负（见

表 9-2)，不难看出，只要用好税收优惠园区的相关政策，就能获得巨大的节税空间。

表 9-2 税优地园区一般纳税人和非税优地园区一般纳税人税负对比

单位：万元

项目	A 公司（非园区设立有限公司）为一般纳税人，年销售额为 2000 万元，成本为 1000 万元（可取得专票），利润为 300 万元	A 公司（园区设立有限公司）为一般纳税人，年销售额为 2000 万元，成本为 1000 万元（可取得专票），利润为 300 万元
增值税	1000 ÷（1+13%）× 13%=115.04	1000 ÷（1+13%）× 13%=115.04
附加税	115.04 × 12%=13.80	115.04 × 12%=13.80
企业所得税	300 × 25%=75.00	300 × 25%=75.00
个人所得税	（300－75）× 20%=45.00	（300－75）× 20%=45.00
财政扶持	0	增值税优惠：115.04 × 27%=31.06 个人所得税优惠：45 × 22.5%=10.13 企业所得税优惠：75 × 22.5%=16.88 共计优惠：31.06+10.13+16.88=58.07
税费合计	115.04+13.80+75.00+45.00=248.84	115.04+13.80+75.00+45.00－58.07=190.77
实际缴纳税费	115.04+13.80+75.00+45.00=248.84	115.04+13.80+75.00+45.00－58.07=190.77
节省税费		248.84－190.77=58.07
节税比例		58.07 ÷ 248.84 × 100%=23.34%

2. 税收减免政策

除了用好税收优惠园区政策，还要用好政府相关部门发布的税收减免政策。但在很多情况下，企业会因为不了解这些政策而错失节税的机会。

部分税收优惠政策如表 9-3 所示。

表 9-3 部分税收优惠政策

税收优惠政策	政策依据
对月销售额 10 万元以下（含本数）的增值税小规模纳税人，免征增值税。增值税小规模纳税人适用 3% 征收率的应税销售收入，减按 1% 征收率征收增值税；适用 3% 预征率的预缴增值税项目，减按 1% 预征率预缴增值税（执行至 2027 年 12 月 31 日）	《财政部 税务总局关于增值税小规模纳税人减免增值税政策的公告》（财政部 税务总局公告 2023 年第 19 号）
企业在 2024 年 1 月 1 日至 2027 年 12 月 31 日期间新购进的设备、器具，单位价值不超过 500 万元的，允许一次性计入当期成本费用在计算应纳税所得额时扣除，不再分年度计算折旧；单位价值超过 500 万元的，仍按《企业所得税法实施条例》、《财政部 国家税务总局关于完善固定资产加速折旧企业所得税政策的通知》（财税〔2014〕75 号）、《财政部 国家税务总局关于进一步完善固定资产加速折旧企业所得税政策的通知》（财税〔2015〕106 号）等相关规定执行。上述设备、器具是指除房屋、建筑物以外的固定资产	《财政部 税务总局关于设备、器具扣除有关企业所得税政策的公告》（财政部 税务总局公告 2023 年第 37 号）
企业开展研发活动中实际发生的研发费用，未形成无形资产计入当期损益的，在按规定据实扣除的基础上，自 2023 年 1 月 1 日起，再按照实际发生额的 100% 在税前加计扣除；形成无形资产的，自 2023 年 1 月 1 日起，按照无形资产成本的 200% 在税前摊销	《财政部 税务总局关于进一步完善研发费用税前加计扣除政策的公告》（财政部 税务总局公告 2023 年第 7 号）
对企业集团内单位（含企业集团）之间的资金无偿借贷行为，免征增值税，延期到 2023 年 12 月 31 日	《财政部 税务总局关于明确养老机构免征增值税等政策的通知》（财税〔2019〕20 号）、《财政部 税务总局关于延长部分税收优惠政策执行期限的公告》（财政部 税务总局公告 2021 年第 6 号）
自 2023 年 1 月 1 日至 2027 年 12 月 31 日，对个体工商户年应纳税所得额不超过 200 万元的部分，减半征收个人所得税。个体工商户在享受现行其他个人所得税优惠政策的基础上，可叠加享受本条优惠政策。 自 2023 年 1 月 1 日至 2027 年 12 月 31 日，对增值税小规模纳税人、小型微利企业和个体工商户减半征收资源税（不含水资源税）、城市维护建设税、房产税、城镇土地使用税、印花税（不含证券交易印花税）、耕地占用税和教育费附加、地方教育附加。 对小型微利企业减按 25% 计算应纳税所得额，按 20% 的税率缴纳企业所得税政策，延续执行至 2027 年 12 月 31 日	《财政部 税务总局关于进一步支持小微企业和个体工商户发展有关税费政策的公告》（财政部 税务总局公告 2023 年第 12 号）

（续表）

税收优惠政策	政策依据
对金融机构向农户、小型企业、微型企业及个体工商户发放小额贷款取得的利息收入，免征增值税；对金融机构与小型企业、微型企业签订的借款合同免征印花税（执行至2027年12月31日）	《财政部 税务总局关于支持小微企业融资有关税收政策的公告》（财政部 税务总局公告2023年第13号）

税收优惠政策的数量比较多，而且一般具有时效性，下面仅介绍具有代表性的两项税收优惠政策。

（1）残疾人就业企业优惠政策

享受主体：安置残疾人的单位和个体工商户。

优惠内容：对安置残疾人的单位和个体工商户（以下称“纳税人”），实行由税务机关按纳税人安置残疾人的人数，限额即征即退增值税的办法。安置的每位残疾人每月可退还的增值税具体限额，由县级以上税务机关根据纳税人所在区县（含县级市、旗）适用的经省（含自治区、直辖市、计划单列市）人民政府批准的月最低工资标准的4倍确定。

政策依据：《财政部 国家税务总局关于促进残疾人就业增值税优惠政策的通知》（财税〔2016〕52号）。

注意：除了残疾人，对于安置退役士兵、随军家属、军转干部等的企业也有相应的优惠政策。

（2）个体工商户个人所得税减半优惠政策

享受主体：个体工商户。

优惠内容：自2023年1月1日至2027年12月31日，对个体工商户年应纳税所得额不超过200万元的部分，减半征收个人所得税。个体工商户在享受现行其他个人所得税优惠政策的基础上，可叠加享受本条优惠政策。

个体工商户在预缴税款时即可享受，其年应纳税所得额暂按截至本期申报所属期末的情况进行判断，并在年度汇算清缴时按年计算、多退少补。若个体工商户从两处以上取得经营所得，需在办理年度汇总纳税申报时，合并个体工商户经营所得年应纳税所得额，重新计算减免税额，多退少补。

个体工商户按照以下方法计算减免税额：减免税额 =（个体工商户经营所得应纳税所得额不超过 200 万元部分的应纳税额 − 其他政策减免税额 × 个体工商户经营所得应纳税所得额不超过 200 万元的部分 ÷ 经营所得应纳税所得额）×（1−50%）。

个体工商户需将按上述方法计算得出的减免税额填入对应经营所得纳税申报表“减免税额”栏次，并附报《个人所得税减免税事项报告表》。对于通过电子税务局申报的个体工商户，税务机关将提供该优惠政策减免税额和报告表的预填服务。实行简易申报的定期定额个体工商户，税务机关按照减免后的税额进行税款划缴。

政策依据：《国家税务总局关于落实支持小型微利企业和个体工商户发展所得税优惠政策有关事项的公告》（国家税务总局公告 2021 年第 8 号）。

【案例】

李某是个体工商户，年应纳税所得额为 8 万元（适用 10% 税率，速算扣除数为 1500），同时可以享受残疾人政策减免税额 2000 元。李某在个体工商户个人所得税减半优惠政策下的减免税额是多少？

减免税额 =［（80 000 × 10%−1500）−2000］×（1−50%）=2250（元）。

3. 组织形式筹划

（1）小规模纳税人公司与个体工商户税负对比

在年销售额都是 450 万元（不含税）、销售利润都是 100 万元的情况下，小规模纳税人公司和个体工商户的税负是否相同？如果充分利用相关优惠政策，两者的税负是否会有不同？

小规模纳税人公司与个体工商户税负对比如表 9-4 所示。

表 9-4　小规模纳税人公司与核定征收个体工商户税负对比

单位：万元

项目	A 公司（有限公司）	A 个体（个体工商户）
增值税	450×1%=4.50	450×1%=4.50
附加税	4.50×12%=0.54	4.50×12%=0.54
企业所得税	100×25%×20%=5.00	0
个人所得税	（100−0.54）×20%=18.89	（450×10%×30%−4.05）×（1−50%）=4.73 （核定征收应税所得率 10%）
合计税费	4.50+0.54+5.00+18.89=28.93	4.50+0.54+4.73=9.77
节省税费 （个体工商户比公司）	28.93−9.77=19.16	
节税比例 （个体工商户比公司）	19.16÷28.93×100%=66.23%	
个体工商户税负率	9.77÷450×100%=2.17%	

（2）注册为个体工商户并申请核定征收

为什么要注册为个体工商户并申请核定征收呢？原因有以下几点：

- 个体工商户核定征收的个人所得税税率较低；
- 有些税收优惠园区个体工商户不核定应税所得率，直接核定应税税率，核定后按照各园区的税率缴纳个人所得税即可；
- 核定征收无须取得进项专票，取得普票即可（适用于服务类和贸易类行业）；
- 个体工商户属于个人经营主体，无须开立对公账户，可通过私人账户收款转账，避免“公转私”问题。
- 在相同的经营状况下，核定征收的个体工商户的税负明显比小规模纳税人公司的税负轻。

（3）利用组织形式筹划降低税负

电商企业可以通过组织形式筹划降低税负。例如，企业成立分公司与成立子公司的重要区别在于：分公司不具有法人资格，不具有独立的法律地位，不独立承担民事责任，不能享受小型微利企业所得税税收优惠政策；而子公司具有法人资格，可以独立承担民事责任，可以享受小型微利企业所得税税收优惠政策。这两类主体的主要区别及优势如表9-5所示。

表9-5 分公司与子公司的主要区别及优势

	分公司	子公司
主要区别	不具有法人资格，不具有独立的法律地位，不独立承担民事责任	具有法人资格，具有独立的法律地位，可以独立承担民事责任；母公司对子公司的一切重大事项拥有实际上的决定权，其中尤为重要的是能够决定子公司董事会的组成
优势	（1）一般便于经营，财务会计制度的要求也比较简单 （2）承担的成本费用可能比子公司少 （3）不是独立法人，流转税在所在地缴纳，利润由总公司合并纳税。在经营初期很可能出现亏损，但亏损可以冲抵总公司利润，减轻税负 （4）交付给总公司的利润通常不必缴纳预提税 （5）与总公司之间的资本转移不涉及所有权变动，不必申报纳税	（1）只承担有限的债务责任（有时需要母公司担保） （2）向母公司报告企业成果只限于生产经营活动方面，而分公司则要向总公司全面报告情况 （3）将利润汇回母公司要比分公司灵活得多，母公司的投资所得、资本利得可以留在子公司，或者选择税负较轻的时候汇回 （4）是独立法人，所得税计征独立进行。如果设立在国外，就可以享受当地的税收优惠 （5）当在国外注册的子公司税率低于国内母公司税率时，子公司的累积利润可得到递延纳税的好处 （6）许多国家对子公司向母公司支付的股息减征或免征预提税

（4）分公司与子公司在纳税上的差异

下面通过案例介绍分公司与子公司在纳税上的差异。

【案例】

A公司拥有两家分公司，分别是B公司和C公司。其中，A公司为普通企业，企业所得税适用25%税率；B公司具备成为高新技术企业的条件；C公司为工业企业，经营规模较小（从业人数为30人，资产总额为800万元）。某年，A公司应纳税所得额为500万元，B公司应纳税所得额为 260 万元，C 公司应纳税所得额为 28 万元。

三家公司该年度应缴纳的企业所得税 =（500+260+28）×25%=197（万元）。

假设 B 公司和 C 公司是 A 公司的子公司，三家公司应缴纳多少企业所得税呢？

B 公司既可以选择享受小型微利企业优惠政策，也可以选择享受高新技术企业优惠政策；B 公司可以选择享受其中最优惠的政策，但无法叠加享受。C 公司可以选择享受小型微利企业优惠政策。

三家公司分别应缴纳的企业所得税如下：

A 公司应缴纳的企业所得税 =500×25%=125（万元）；

B 公司（小型微利企业）应缴纳的企业所得税 =260×25%×20%=13（万元）；

B 公司（高新技术企业）应缴纳的企业所得税 =260×15%=39（万元）；

C 公司应缴纳的企业所得税 =28×25%×20%=1.4（万元）。

假设 B 公司选择享受小型微利企业优惠政策，该年度三家公司应缴纳的企业所得税 =125+13+1.4=139.4（万元）；假设 B 公司选择享受高新技术企业优惠政策，该年度三家公司应缴纳的企业所得税 =125+39+1.4=165.4（万元）。

4. 不同地区的税负差异

（1）利用不同地区的税负差异进行纳税筹划

能不能利用不同地区的税负差异进行纳税筹划呢？答案是肯定的。

例如，国家为了鼓励西部大开发，给予企业相应的税收优惠。根据 2020 年 5 月 25 日国家税务总局宁夏回族自治区税务局官网公布的宁夏西部大开发税收优惠数据，累计减免企业所得税 149.53 亿元。

（2）跨境电商的核定征收

跨境电商企业必须了解关于核定征收的相关政策。根据《国家税务总局关于跨境电子商务综合试验区零售出口企业所得税核定征收有关问题的公告》（国家税务总局公告2019年第36号），综试区内核定征收的跨境电商企业应准确核算收入总额，并采用应税所得率方式核定征收企业所得税。应税所得率统一按照4%确定。综试区内实行核定征收的跨境电商企业符合小型微利企业优惠政策条件的，可享受小型微利企业所得税优惠政策。

9.3.2 选择最优纳税方案

在不受其他条件制约的情况下，电商企业要选择最优纳税方案。

1. 促销和优惠设置

电商企业在经营过程中发起促销优惠是常态。不同的促销和优惠方式对税收产生的影响是不一样的。从纳税筹划的角度来看，“加量不加价”是一种很好的促销方式。

例如，某天猫店铺在促销时宣传“买5斤洗衣粉送1斤”，赠送部分视同销售，结转成本时按6斤洗衣粉结转，并应按6斤的销售额缴纳增值税。但是，“加量不加价”实质上是捆绑销售，相当于打折销售，提供的是实物折扣。在这种促销方式下，店铺可以按5斤洗衣粉的销售额缴纳增值税，而结转成本时可以按6斤结转，所得税减少了。

2. 套装销售

“套装销售”也是吸引客户、促进交易的一个好办法。例如，销售脸部按摩仪不用缴纳消费税，而销售高档化妆品需要按15%的税率缴纳消费税。例如，某店铺将200元的脸部按摩仪和2000元的高档化妆品组成套装销售，须按2200元的销售额缴纳消费税，这会大大增加店铺应缴纳的消费税。

如果你的企业销售高档化妆品，应该如何筹划以减轻税负呢？

（1）方案一：先组合后销售

根据《财政部 国家税务总局关于调整和完善消费税政策的通知》（财税

〔2006〕33号），纳税人将自产的应税消费品与外购或自产的非应税消费品组成套装销售的，以套装产品的销售额（不含增值税）为计税依据。

采用此方案时应缴纳的消费税 =（2000+200）×15%=330（元）。

（2）方案二：先销售后组合

先将脸部按摩仪和高档化妆品分别销售给零售商，分别开具发票并核算收入，然后由零售商将两种商品包装成套装对外销售。在这种情况下，脸部按摩仪无须缴纳消费税，高档化妆品按15%的税率缴纳消费税。

采用此方案时应缴纳的消费税 =2000×15%=300（元）。

9.3.3 充分利用税法规定及条款

纳税筹划必须遵守税法及税收政策，电商企业要充分利用税法规定及条款。

1. 远离法律禁止的，靠近法律鼓励的

纳税筹划不能与法律法规的规定相背离，企业的经营行为要远离法律禁止的、靠近法律鼓励的。

例如，《企业所得税法实施条例》第二十三条第一款规定："以分期收款方式销售货物的，按照合同约定的收款日期确认收入的实现。"收入一旦确认，纳税义务就已经发生。如果企业在合同中约定了收款日期，就可以推迟收入的确认时间，从而推迟纳税义务的发生时间。注意，并不是企业不用纳税，而是纳税时间往后推移，企业得到了货币的时间价值。

如果税法的规定对企业经营有利，企业就应该创造条件满足规定，从而享受规定带来的税收利益。

2. 生活服务和现代服务

有些电商企业的主要业务是提供服务，这些企业可以去了解自己的业务是否属于现代服务或生活服务，因为这两个行业适用增值税加计抵减政策。

根据《财政部 税务总局关于明确增值税小规模纳税人减免增值税等政策的公告》（财政部 税务总局公告2023年第1号），从2023年1月1日到2023

年12月31日，允许生产性服务业纳税人按照当期可抵扣进项税额加计5%抵减应纳税额，生产性服务业纳税人是指提供邮政服务、电信服务、现代服务、生活服务取得的销售额占全部销售额的比重超过50%的纳税人；允许生活性服务业纳税人按照当期可抵扣进项税额加计10%抵减应纳税额，生活性服务业纳税人是指提供生活服务取得的销售额占全部销售额的比重超过50%的纳税人。

9.3.4 灵活应用财务会计制度

税法规定与会计制度规定不一致可能造成税收差异，这就是行业内常说的“税会差异”。电商企业可以通过巧用会计制度进行纳税筹划。

例如，《企业会计准则第14号——收入》（财会〔2017〕22号）于2018年1月1日起施行，很多企业已经选择适用新的收入准则，但税法对收入的确认还引用老的收入准则，即《企业会计准则第14号——收入》（财会〔2006〕3号）。

再如，企业所得税中对销售货物收入确认的规定如下。企业销售商品同时满足下列条件的，应确认收入的实现：

- 商品销售合同已经签订，企业已将商品所有权相关的主要风险和报酬转移给购货方；
- 企业对已售出的商品既没有保留通常与所有权相联系的继续管理权，也没有实施有效控制；
- 收入的金额能够可靠地计量；
- 已发生或将发生的销售方的成本能够可靠地核算。

如果企业采用分期收款方式销售商品，应按照合同约定的收款日期确认收入。

销售商品收入确认时点对电商企业来说十分重要。其原因在于，确认收入代表企业所得税纳税义务的产生，当期会产生应纳税额。

9.3.5 税负转嫁

税负转嫁是一种常见的纳税筹划方法，常与其他纳税筹划方法一并使用。下面介绍一个典型案例，案例中的企业综合运用不同的纳税筹划方法，实现了税负转嫁的效果。

1. 利用税负差异进行筹划

【案例】

某公司从事服装设计、加工、生产和销售业务。该公司在各大电商平台开设多家服装店铺，通过这些店铺将服装直接销售给消费者或供应给批发商、零售商。这些店铺应该如何选择纳税主体，才能使该公司的整体利益最大化呢？

通过测算可知：当销售公司的毛利率为23.08%时，一般纳税人与小规模纳税人增值税税负相同（此处按一般纳税人适用税率13%、小规模纳税人适用征收率3%进行测算）；当毛利率高于23.08%时，一般纳税人增值税税负重于小规模纳税人，选择小规模纳税人身份可以获得节税的效果；当毛利率低于23.08%时，一般纳税人增值税税负轻于小规模纳税人，选择一般纳税人身份可以获得节税的效果。

假设某年度该公司销售服装的毛利率为43%，该公司应该如何通过税负转嫁实现节税呢？该公司可以进行业务流程重组和定价转移。

在进行业务流程重组和定价转移前，该一般纳税人公司是一家服装生产工厂，集采购、生产、加工、设计、销售业务为一体。在进行业务流程重组时，可以把采购、生产、加工业务保留在原一般纳税人公司（工厂）内。工厂将服装生产好后，销售给下游的电商公司，毛利率可以控制在22%。电商公司是原一般纳税人公司线上店铺的纳税主体（小型微利企业），作为销售公司在电商平台上销售服装。各店铺的纳税主体可以是一般纳税人、小规模纳税人、个体工商户，可以由原一般纳税人公司的股东新设。各店铺的经营规模根据店铺所在平台的要求确定。例如，天猫平台要求入驻的主体为一般纳税人，因此天猫店铺纳税主体确定为一般纳税人；拼多多平台不要求入驻主体为一般纳税人，因此拼多多店铺纳税主体确定为个体工商户。简单来说就是企业对原有业务进行拆解、剥离，以合法地享受税收优惠政策，如图 9-1 所示。

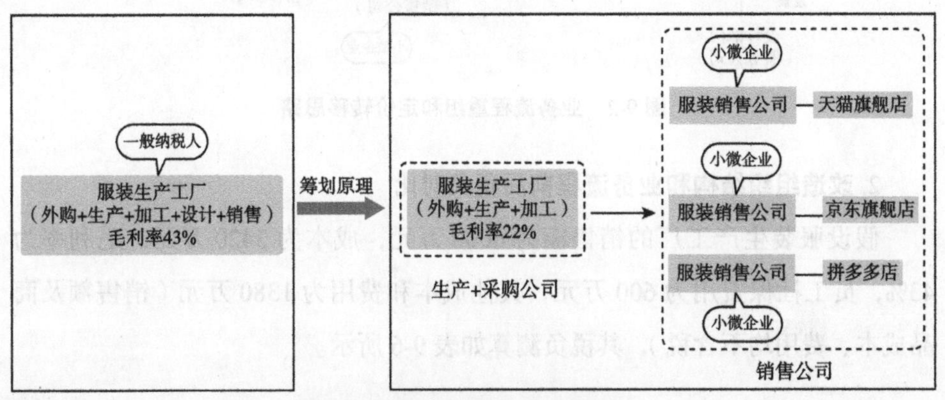

图 9-1　业务流程重组和定价转移

企业通过改造组织结构和业务流程可以获得以下效果：

（1）将原先的销售部门设立为独立核算的公司，享受小型微利企业税收优惠政策；

（2）将原先的设计部门设立为独立核算的公司，降低增值税；

（3）利用一般纳税人与小规模纳税人之间、小微企业与非小微企业之间、税优地与非税优地之间的税负差异进行纳税筹划。

企业通过价格转移可以获得以下效果：

- 享受不同的税收优惠政策；
- 使用不同的计税方法；
- 享受不同地区的政策。

企业可以在税法许可的范围内合理地降低增值税税负，如图 9-2 所示。

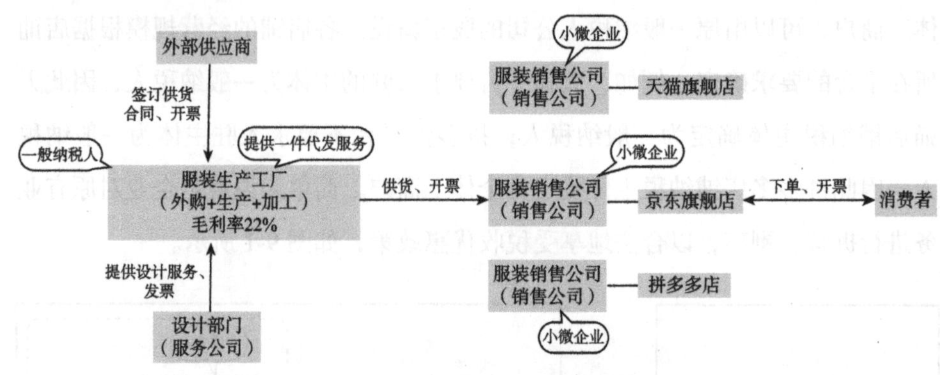

图 9-2　业务流程重组和定价转移思路

2. 改造组织结构和业务流程前后税负对比

假设服装生产工厂的销售额为 6000 万元，成本为 3420 万元，毛利率为 43%，员工社保费用为 600 万元，其他成本和费用为 1380 万元（销售额及商品成本、费用均不含税），其税负测算如表 9-6 所示。

表 9-6　纳税筹划前税负测算（工厂）

单位：万元

税种	计算公式	金额
增值税	6000 × 13%−3420 × 13%	335.40
附加税	335.40 × 12%	40.25
印花税	（6000+3420）× 0.03%	2.83
企业所得税	（6000−3420−600−1380−40.25−2.83）× 25%	139.23
分红个人所得税	（6000−3420−600−1380−40.25−2.83−139.23）× 20%	83.54
合计		601.25

沿用以上案例，通过改造组织结构和业务流程进行纳税筹划，分别计算工厂、销售公司和设计工作室的税负。

（1）工厂

纳税筹划后，服装生产工厂毛利率由 43% 降到 22%，销售额为 4385 万元，员工社保费用下降到 200 万元，其他成本和费用下降到 450 万元（销售额及商品成本、费用均不含税），其税负测算如表 9-7 所示。

表 9-7　纳税筹划后税负测算（工厂）

单位：万元

税种	计算公式	金额
增值税	4385×13%−3420×13%	125.45
附加税	125.45×12%	15.05
印花税	（4385+3420）×0.03%	2.34
企业所得税	（4385−3420−200−450−44−15.05−2.34）×25%×20%	12.68
分红个人所得税	（4385−3420−200−450−44−15.05−2.34−12.68）×20%	48.19
合计		203.71

（2）销售公司

纳税筹划后，假设销售公司为一般纳税人，销售额为 6000 万元（直营情况下），货物成本为 4385 万元（即工厂销售额），员工社保费用为 360 万元，其他成本和费用为 930 万元，其税负测算如表 9-8 所示。

表 9-8　税收筹划后税负测算（销售公司）

单位：万元

税种	计算公式	金额
增值税	6000×13%−4385×13%	209.95
附加税	209.95×12%	25.19
印花税	（6000+4385）×0.03%	3.12
企业所得税	（6000−4385−360−930−25.19−3.12）×50%×20%	29.67
分红个人所得税	（6000−4385−360−930−25.19−3.12−29.67）×20%	53.40
合计		321.33

（3）设计工作室（个体工商户）

设计部门改为设计工作室，注册为个体工商户，员工社保费用为 40 万元，赚取 10% 的利润，其税负测算如表 9-9 所示。

表 9-9　税收筹划后税负测算（设计工作室）

单位：万元

税种	计算公式	金额
增值税	营业额 44 万元（员工工资 40 万元 +10% 的利润）	免税
附加税	免税	免税
印花税	44 × 0.03%	0.01
经营所得个人所得税	（44 × 10% × 10%−0.15）×（1−50%）	0.15
合计		0.16（核定征收）

（4）纳税筹划前后整体税负对比

纳税筹划前后整体税负对比如表 9-10 所示。

表 9-10　纳税筹划前后整体税负对比

单位：万元

公式	正常直营	调整后（工厂 + 销售公司 + 设计工作室）	差额
增值税	335.40	335.40	0
附加税	40.25	40.24	0.01
企业所得税 + 经营所得个人所得税	139.23	42.50	96.73
分红个人所得税	83.54	101.59	−18.05
印花税	2.83	5.47	−2.64
合计	601.25	525.20	76.05

纳税筹划后的业务架构如图 9-3 所示。

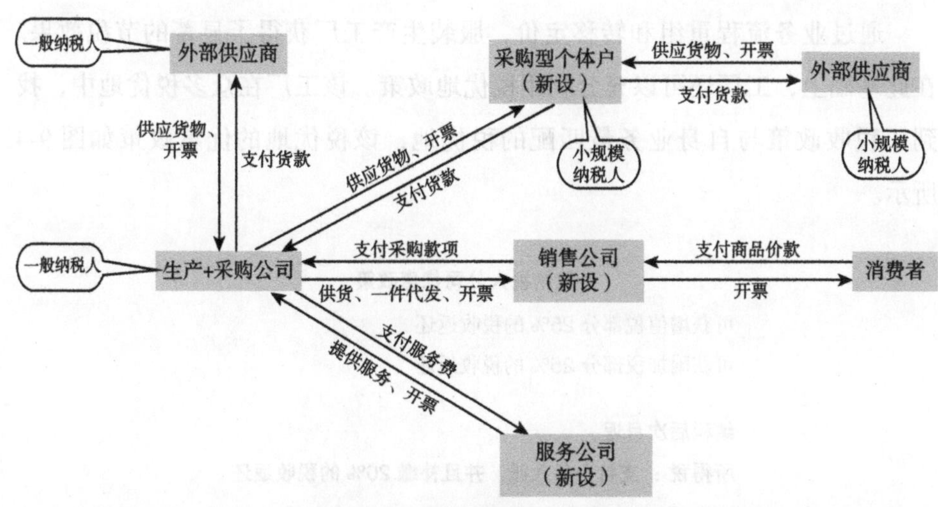

图 9-3　纳税筹划后的业务架构

纳税筹划后共节省税费 76.05 万元。这是不是最优方案呢？

3. 税优地政策及税负计算

此处仍以服装生产工厂为例，假设所有金额都是不含税金额，购进货物时需要支付 13% 的进项税额才能取得全部成本发票进行抵扣，在不做纳税筹划的情况下需要支付 1045.84 万元的税费。

正常直营税负测算如表 9-11 所示。

表 9-11　正常直营税负测算

单位：万元

税种	计算公式	金额
增值税	6000 × 13%−3420 × 13%	335.40
附加税	335.40 × 12%	40.25
印花税	（6000+3420）× 0.03%	2.83
企业所得税	（6000−3420−600−1380−40.25−2.83）× 25%	139.23
分红个人所得税	（6000−3420−600−1380−40.25−2.83−139.23）× 20%	83.54
税费合计		601.25
支付进项税额		3420 × 13%=444.60
累计支付税费		601.25+444.6=1045.85

通过业务流程重组和转移定价，服装生产工厂获得了显著的节税效果。在此基础上，工厂还可以充分利用税优地政策。该工厂在众多税优地中，找到了税收政策与自身业务最匹配的税优地，该税优地的优惠政策如图 9-4 所示。

一般纳税人公司优惠政策

可获增值税部分 25% 的税收返还

可获附加税部分 25% 的税收返还

纳税后次月返

所得税：支持白条入账，并且补缴 20% 的税收返还

图 9-4 某税优地的优惠政策

假设销售公司的营业额是 6000 万元，以 4385 万元的成本向服装生产工厂进货。服装生产工厂以 3420 万元的成本向供应商进货，服装生产工厂的部分利润可以通过个体工商户转移出来，享受税优地政策后的节税效果如表 9-12 所示。

表 9-12 服装生产工厂设在税优地的节税效果

税种	开票金额（不含税，万元）	税款（万元）	返还比例	返还金额（万元）
增值税	4385.00	125.45	25%	31.36
附加税	—	15.05	25%	3.76
企业所得税	—	12.68	20%	2.54
印花税	—	2.34	—	—
分红个人所得税	—	48.19	—	—
原税费合计	—	203.71	—	—
返还金额	—	37.66	—	—
现税费合计	—	166.05	—	—

（续表）

税种	开票金额（不含税，万元）	税款（万元）	返还比例	返还金额（万元）
原先支付的进项税额	支持白条入账（不开票的供应商开的收据等）	不需要	又省了 444.60	
税负率	166.05 ÷ 4385 × 100%=3.79%			

我们将税收返还金额并入表 9-10 进行测算，然后将其结果与表 9-11 进行对比，可以发现享受税优地政策的纳税筹划方案税负最低，如表 9-13 所示。

表 9-13　正常直营与享受税优地政策的纳税筹划方案税负对比

单位：万元

税种	正常直营税负	调整后（税优地服装生产工厂 + 销售公司 + 设计工作室）税负	差额
增值税	335.40	335.40	0
附加税	40.25	40.24	0.01
企业所得税 + 经营所得个人所得税	139.23	42.50	96.73
分红个人所得税	83.54	101.59	–18.05
印花税	2.83	5.47	–2.64
税费合计	601.25	525.20	76.05
支付进项税额	444.60	0	—
服装生产工厂返还金额	0	–37.66	—
总计	**1045.85**	**487.54**	**558.31**

我们可以将上述纳税筹划方案简称为“销售公司模式”，即运用合理的方法进行定价转移，利润随之转移，同时对业务流程进行重新设计，对各项业务进行拆分，最后结合税优地政策，获得最好的节税效果。

4. 合理拆分业务单元

前面介绍了电商企业做纳税筹划的五大方法，大家现在能做到学以致用了吗？仅仅掌握原理是不够的，还要通过细致的步骤形成纳税筹划方案，按照步骤去实施。

下面以李先生的公司为例，介绍制定“销售公司模式”纳税筹划方案的具体步骤。

【案例】

李先生成立一家贸易公司（简称M公司），主营金银首饰线上销售，2022年销售额为1000万元。货物成本是500万元，其中200万元的货物需要进口，300万元的货物在国内采购。线上平台扣点比例为5.5%，即平台扣点为55万元，推广费为50万元，物流费为40万元，员工工资为80万元，租金为10万元。假设所有的收入、费用均为不含税金额，而且均能取得进项发票（税率为13%或6%），消费税税率为5%，进口关税税率为20%。

（1）第一步：明确目标——完全合规

只有先明确纳税筹划的目标，才能向着目标迈进。

明确了“完全合规”这个目标后，首先需要了解企业的业务，包括收入、货物成本、平台扣点、推广费、物流成本、人工成本、租金成本、其他费用、客户销售类目等；其次需要了解企业的取票情况，包括货物成本、物流成本、租金成本、其他服务成本等；最后需要了解企业的其他情况，如是否有进出口业务、是否有工厂、是否代加工、是否涉及消费税等。

假设M公司在天猫和京东平台各开了一家旗舰店，营业数据如表9-14所示。

（2）第二步：理解业务——越复杂的业务越要简化、抽象化

我们首先从政策入手，了解现在有哪些优惠政策可以利用；接着了解店铺所在平台对发票的要求，例如，京东要求自营店主体为一般纳税人并且能开具

表9-14　M公司天猫和京东旗舰店的营业数据

公司主体	店铺名称	销售额	货物成本			平台扣点	推广费	预计物流成本		预计人力成本	预计租金	
		收入（万元）	金额（万元）	国外（含关税）	国内	扣点比例	金额（万元）	金额（万元）	取得专票需补税点	金额（万元）	金额（万元）	取得专票需补税点
M公司	××首饰旗舰店（天猫）	800	400	150	250	5.5%	40	30	0	70	10	0
	××首饰旗舰店（京东）	200	100	50	50	8%	10	10		10		

增值税专用发票；然后了解平台规则，例如，天猫专营店及京东、拼多多、抖音等平台上的店铺不能做主体变更；接着了解利润情况，如果利润率过高，就要对业务进行合理拆分；最后关注采购环节，供应商最好是一般纳税人，能提供增值税专用发票且不增加额外成本（或可以低成本获取发票）。

深入了解以上细节后发现，M 公司适合选择销售公司模式。

一般情况下，M 公司要想实现完全合规，店铺的纳税主体须体现全部收入，未开票销项要做无票收入，正常纳税。一般纳税人公司要承担 13% 的增值税和 25% 的企业所得税，分红时股东要承担 20% 的个人所得税。

M 公司的业务分为三层，分别是用户层、内部层、外部供应链层，如图 9-5 所示。先想一想，哪个业务可以拆出来呢？

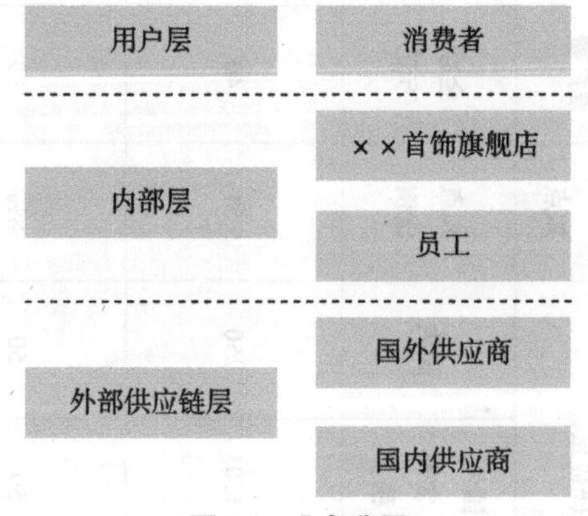

图 9-5　业务分层

M 公司业务流程如图 9-6 所示。

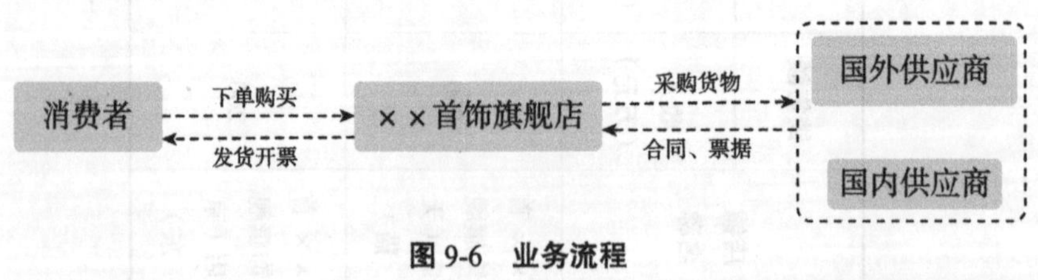

图 9-6　业务流程

（3）第三步：先拆后合——拆解到最小单元，再把能合并的合并

M 公司可以将原先的销售部门拆分出去，仍保留原先的采购业务，天猫

和京东平台店铺的纳税主体改为新设立的销售公司。M 公司主要负责采购货物并供应给销售公司。

M 公司业务流程重组和定价转移示意图如图 9-7 所示。

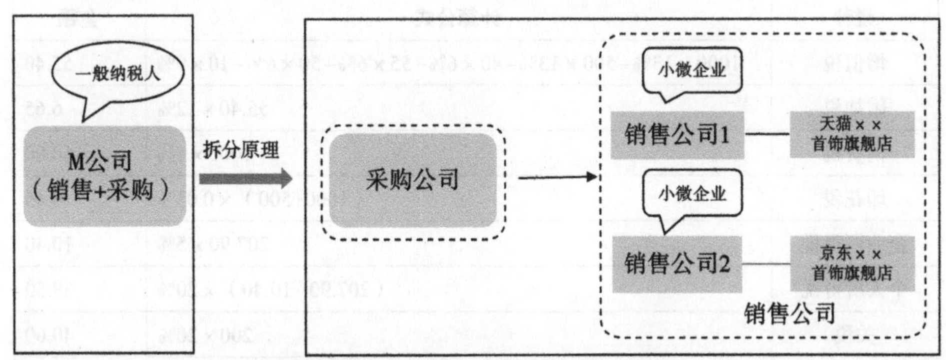

图 9-7　业务流程重组和定价转移示意图

M 公司通过业务流程重组，将原先的业务拆分到了多个主体中，多个主体之间形成了一个完整的货物流。业务流程重组后整体的业务流程如图 9-8 所示。

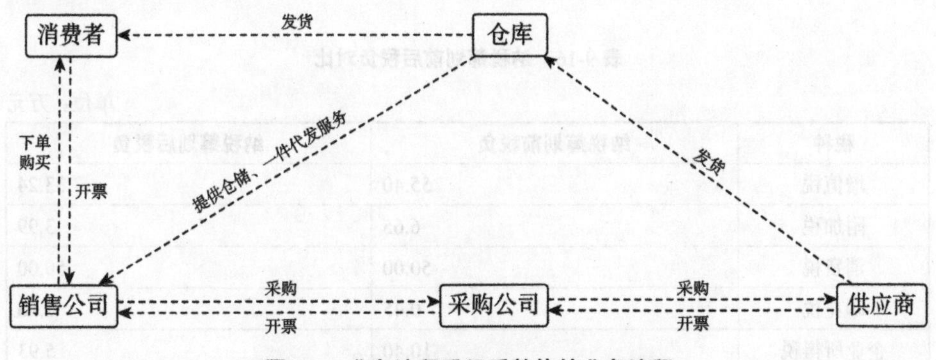

图 9-8　业务流程重组后整体的业务流程

（4）第四步：测算佐证——一家公司一本账，不要混在一起

在正常直营的情况下，两家店铺的销售额为 1000 万元，成本为 500 万元（其中 200 万进口），平台扣点为 55 万元，推广费为 50 万元，员工工资为 80 万元，物流费用为 40 万元，租金为 10 万元（销售额及商品成本、费用均为不

含税金额），关税税率为20%，消费税税率为5%，其税负测算如表9-15所示。

表9-15 正常直营税负测算

单位：万元

税种	计算公式	金额
增值税	1000×13%−500×13%−40×6%−55×6%−50×6%−10×9%	55.40
附加税	55.40×12%	6.65
消费税	1000×5%	50.00
印花税	（1000+500）×0.03%	0.45
企业所得税	207.90×5%	10.40
个人所得税	（207.90−10.40）×20%	39.50
关税	200×20%	40.00
税费合计		**202.40**
税负率	**202.40÷1000×100%=20.24%**	

税收筹划后，M公司将销售部门独立出去，在税优地园区设立销售公司享受返税政策，以目前最优惠的返税政策为例（增值税和附加税返40%，所得税返25%），纳税筹划前后税负对比如表9-16所示。

表9-16 纳税筹划前后税负对比

单位：万元

税种	纳税筹划前税负	纳税筹划后税负
增值税	55.40	33.24
附加税	6.65	3.99
消费税	50.00	50.00
印花税	0.45	0.88
企业所得税	10.40	5.93
个人所得税	39.50	40.84
关税	40.00	40.00
税费合计	**202.40**	**174.88**
税负率	**20.24%**	**17.49%**

（5）注意事项——分点、分步骤、匹配工具

① 合同签订：销售公司、采购公司、供应商之间签订采购合同，确保

“四流合一”。

② 发票开具：销售公司为消费者开票，采购公司为销售公司开票，供应商为采购公司开票，不能打乱顺序，否则容易被认定为虚开发票；不开票收入全额申报无票收入。

③ 银行账户：不同公司的流水要分开，不允许销售公司向供应商支付货款，避免财产混同。

④ 取票环节：主体公司和采购公司均为一般纳税人，各项成本均须足额获取发票，避免税负过高、账目混乱。

⑤ 推广费用：推广费不超过销售收入的15%，否则无法作为成本进行税前扣除，多出部分须计入当年应纳税所得额缴纳企业所得税。

至此，“销售公司模式”纳税筹划方案制定完毕。以上所有操作均基于三个前提：主体是销售公司，在合规的情况下节税，合规的方式是取得发票。

第 10 章

电商企业纳税筹划解决方案

10.1 以合规和降低风险为目标拆解业务

纳税筹划是纳税人的权利，纳税人可以在合法合理的前提下进行纳税筹划，这是企业在发展壮大的过程中都要经历的。当然，企业要想做好纳税筹划，就要在事前做好准备，根据自身业务实际情况做好规划。

10.1.1 完全合规与降低风险的异同

完全合规和降低风险是两个不同的概念，但很多电商企业的经营者对此没有清晰的认知。完全合规是指按照生产经营所得缴纳所有税费，而规避风险是指合理地拆分业务，逐步实现合规。

虽然很多电商平台的整体销售额很高，如淘宝、京东、拼多多、抖音等，但这些电商平台上的大部分商家都属于中小型企业。对这些企业来说，如果在完全不做任何纳税筹划的情况下缴纳所有的税费，经营就会举步维艰。其主要原因包括电商平台扣点比较高，推广费较多，上游供应商无法取得进项发票，各项运营成本无法取得成本发票等，这些因素导致很多电商企业的净利率连10%都无法达到。

目前，对很多电商企业来说，在短时间完全合规将导致成本激增。有些电商企业存在侥幸心理，通过少申报、虚开发票等手段偷税漏税；有些电商企业觉得，即便未来被查，也不会有什么大的问题。这两种心态会给电商企业带来巨大的风险，甚至导致电商企业触碰法律红线。电商企业必须认识到，在大数据时代，只有合规的企业才能长久地发展下去。如果无法一步到位地做到完全合规，一定要先降低风险，然后逐步实现完全合规。

随着大数据时代的到来和“金税四期”的落地，再加上电商平台的数据越来越透明，有些电商平台会要求入驻商家每半年上报数据，电商企业必然会慢慢地走上合规之路。

在做纳税筹划时，很多企业会把一部分风险转移或分散出去，从而降低主体公司的风险。下面以京东为例进行说明。

打开京东的网站，我们可以看到京东的主体公司是北京京东叁佰陆拾度电子商务有限公司。消费者购买商品后，给消费者开具发票的也是这家公司吗？可能不是，开具发票的很有可能是京东旗下的其他公司，如北京京东世纪信息技术有限公司和东莞京东利昇贸易有限公司（见图 10-1）。这种做法并不构成虚开发票。虚开发票是指为不真实、虚构的业务开具发票的行为，而这些发票都是在真实业务发生的基础上开具的，只不过京东对自身的经营模式和业务架构做了一定的设计。

合 计
价税合计(大写) ⊗贰仟玖佰捌拾玖圆玖角柒分
销售方
名 称：北京京东世纪信息技术有限公司
纳税人识别号：91110302562134916R
地 址、电 话：北京市北京经济技术开发区科创十一街18号院C座2层215室 62648622
开户行及账号：招商银行股份有限公司北京青年路支行 110907597010206
备注 订单
收款人：王陆 复核：李思 开票人：王梅

合 计
价税合计(大写) ⊗壹佰零捌圆玖角玖分
销售方
名 称：东莞京东利昇贸易有限公司
纳税人识别号：91441900351266820T
地 址、电 话：东莞市麻涌镇新基村020- 22165500-1602/1699
开户行及账号：中国工商银行东莞市城区支行 2010020109200064208
备注 订单
收款人：王陆 复核：李思 开票人：王梅

图 10-1 发票的开票方

我们再看当当，当当在天猫平台上开了一家旗舰店。在天猫平台上的当当旗舰店购买商品后，消费者收到的发票的开票主体是另一家企业，难道当当也像某些商家一样虚开发票吗？当然不是，这种做法是合规的。这些发票是基于真实交易开具的，相关业务做到了“四流合一”，即合同流、资金流、业务流、发票流的证据链齐全。

只有在真实发生业务的情况下，才会产生税。因此，要想从根本上解决税务合规问题，不能只关注发票问题，而要合理地规划、调整业务。

但是，调整业务时，如果处理不当，税务机关很可能会将其判定为虚构业务，情节严重的话，甚至可能触犯刑法。那么，如何进行调整才能保证业务真实呢？真实的业务要有真实的办公场所和办公人员，要有管理人员或员工去经营相关的业务。只有在业务真实的前提下，才能进行合规的纳税筹划。

电商行业的很多投资者都喜欢采用自然人持股的方式，但自然人持股也会带来一些问题：假设该自然人持股的公司被稽查，其名下的所有公司都可能被联查一遍；公司向自然人股东分配净利润时，自然人股东需要缴纳20%的个人所得税。如果采用公司持股的方式，公司向法人股东分配净利润时，法人股东不用缴纳企业所得税。

普通人的惯性思维是自己销售商品，商品就应该属于自己。但是，当商品属于自己时，一般要缴纳13%的增值税。其实，销售商品有多种模式，既可以直接销售，也可以委托代销。其中，委托代销还可以分为两种方式，一种是视同买断，另一种是收取手续费，两者的计税依据和税率都是不同的。

收取手续费方式在电商平台上并不少见，例如，淘宝上的天天特卖工厂店就采用了这种方式。电商平台上有些商品详情页底部会公示开票公司的营业执照，并说明“此商品由××公司销售开票并提供物流、售后服务”。也就是说，该商品只是由平台代销，商品所有权属于公示的这家公司。收取手续费方式不同于视同买断方式，商品的所有权没有发生转移。

很多电商企业销售的货物并不是自己生产的，而且有些货物不需要备库存。例如，销售家具的电商企业收到消费者的订单后才通知供应商生产，生产完成后由供应商直接发给消费者。电商企业能否只收服务费，让商品属于供应商呢？答案是肯定的。

当采用这种方式开展业务时，需要确认商品销售收入的是供应商。电商企业作为运营平台，只收取相应的服务费，并按服务费来确认收入，而由此产生的增值税按 6% 的税率计征。也就是说，运营平台只是对外运营的主体，它与开具发票的销售公司之间是合作关系，销售商品的公司与仅提供运营服务的公司是截然不同的，如图 10-2 所示。

网站或网店主体 ≠ 开具发票的公司

对外运营的主体　　实际发生销售业务的主体

图 10-2　网店不等于销售主体

根据《天猫发票管理规范》和后台操作教程，开票原则是谁收钱谁开票，在商家未取得买家认可前，不允许开票企业不是收款企业；即便买家认可，商家也要承担虚开发票的风险。也就是说，商家在开具发票的时候，需要用与买家产生实际交易的公司开票。例如，假设销售商品的是 A 公司，但买家收到的发票的开具方是 B 公司，那么这种行为属于违背承诺行为。但是，也有例外情况，B 公司与 A 公司为总、分公司，B 公司为 O2O 模式下的提货门店，B 公司为 A 公司在供销平台代销模式下的供应商等情况除外。

通过天猫平台的规则不难看出，天猫平台认可入驻店铺采用收取手续费方式，店铺可以替实际发生业务的公司代销商品。

为了让大家更容易理解，这里将店铺的纳税主体称为“运营平台”，将委托运营平台销售商品的公司称为“销售公司”。在为运营平台注册公司时，可以把股东视为运营平台的投资主体，投资主体既可以是公司，也可以是合伙企业，甚至是个人。

如果供应商愿意配合，运营平台可以让供应商直接入驻，双方将原来签订的采购合同变成入驻平台协议。

从业务角度出发，我们可以把这种模式叫作运营平台模式。运营平台只提供运营服务，其经营范围应包含服务项目。从代销这个环节来看，运营平台是受托方，入驻运营平台的销售公司是委托方。在这种模式下，运营平台需要确认的收入降低了，增值税税率由原来的 13% 降到了 6%。

当然，除了业务角度，我们还可以从财务角度解析这种模式，如图10-3所示。

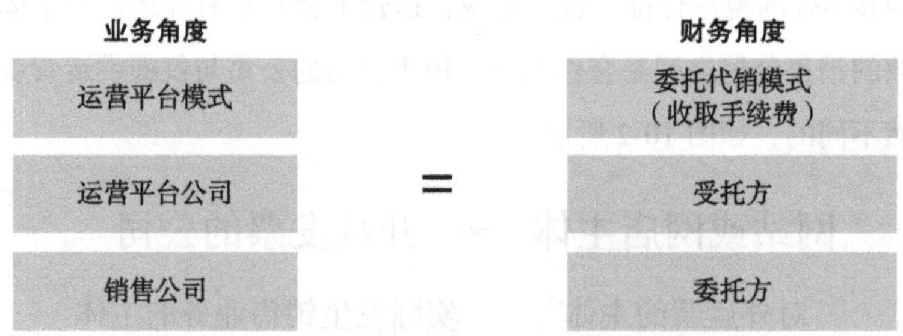

图 10-3　从业务和财务角度解析运营平台模式

简单总结一下，在运营平台模式下，运营平台（受托方）与销售公司（委托方）需要签订代销协议。协议上要注明前者收取的是运营服务费，还要明确代销商品的所有权归属于销售公司。因为商品属于销售公司，所以运营平台收到的货款属于销售公司，商品的销售额应该由运营平台全额代收代付给销售公司。运营平台按照销售公司规定的价格出售商品，只收取代销商品的手续费，即运营服务费。

综上所述，完全合规是指按照企业经营活动的实际情况缴纳全部税费，而降低风险是指在确保主体公司合规的情况下尽量降低以前的历史风险，两者的主要差异在于税费成本。

10.1.2　完全合规是法律的要求和规定

电商企业在生产经营活动中，有时候由于上游的问题，很难取得成本发票。下面按照不同的取票比例，对比在完全不做筹划和普通筹划的情况下的整体税负率。

1. 完全不做筹划

（1）以小规模纳税人、年销售额低于500万元为例

假设企业是小规模纳税人，在完全不做筹划的情况下，分别按照取得20%、50%、100%的成本发票来计算每一项税费及整体的税负率，计算结果如表10-1所示。

在取得 100% 的成本发票的情况下，整体的税负率是 5.89%，可能有些电商企业的净利率都没有这么高。

表 10-1　完全不做筹划的小规模纳税人在不同情况下的税负

单位：万元

项目	取得 20% 的成本发票	取得 50% 的成本发票	取得 100% 的成本发票
增值税应税额	500.00	500.00	500.00
利润（实际利润）	100.00	100.00	100.00
增值税	5.00	5.00	5.00
附加税费	0.60	0.60	0.60
城市维护建设税	0.35	0.35	0.35
教育费附加	0.15	0.15	0.15
地方教育附加	0.10	0.10	0.10
成本费用	80.00	200.00	400.00
利润总额（纳税调整后利润总额）	419.40	299.40	99.40
所得税	104.85	14.97	4.97
净利润（利润总额减去所得税后的净额）	314.55	284.43	94.43
分红个人所得税	62.91	56.89	18.89
税费合计	173.36	77.46	29.46
税负率	34.67%	15.49%	5.89%

（2）以一般纳税人、年销售额 3000 万元为例

假设企业是一般纳税人，在完全不做筹划的情况下，分别按照取得 20%、50%、100% 的成本发票来计算每一项税费及整体的税负率，计算结果如表 10-2 所示。

表 10-2　完全不做筹划的一般纳税人在不同情况下的税负

单位：万元

项目	取得 20% 的成本发票	取得 50% 的成本发票	取得 100% 的成本发票
增值税应税额	3000.00	3000.00	3000.00
利润（实际利润）	600.00	600.00	600.00
增值税	327.60	234.00	78.00

（续表）

项目	取得 20% 的成本发票	取得 50% 的成本发票	取得 100% 的成本发票
附加税费	39.31	28.08	9.36
城市维护建设税	22.93	16.38	5.46
教育费附加	9.83	7.02	2.34
地方教育附加	6.55	4.68	1.56
成本费用	480.00	1200.00	2400.00
利润总额（纳税调整后利润总额）	2480.69	1771.92	590.64
所得税	620.17	442.98	147.66
净利润（利润总额减去所得税后的净额）	1860.52	1328.94	442.98
分红个人所得税	372.10	265.79	88.60
税费合计	1359.18	970.85	323.62
税负率	45.31%	32.36%	10.79%

2. 普通筹划

普通筹划是指在主体公司与供应商之间增加一个采购公司，以分摊主体公司的部分利润，如图 10-4 所示。

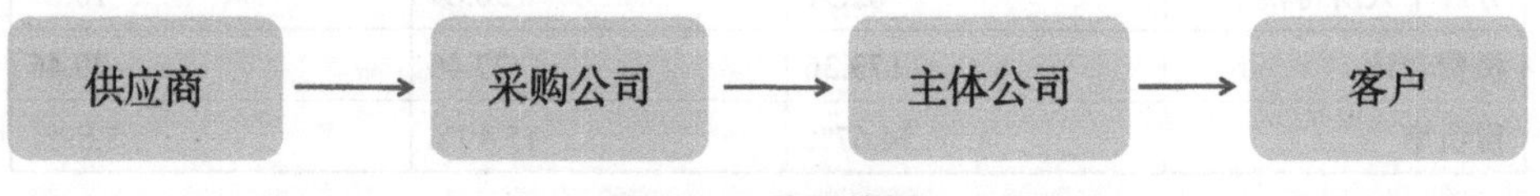

图 10-4　普通筹划

（1）以小规模纳税人、年销售额低于 500 万元为例

假设企业是小规模纳税人，在做普通筹划的情况下，分别按照取得 60%、30% 的成本发票（发票取得成本为成本费用的 3%）来计算每一项税费及整体的税负率，计算结果如表 10-3 所示。

表 10-3　做普通筹划的小规模纳税人在不同情况下的税负

单位：万元

项目	取得 60% 的成本发票	取得 30% 的成本发票
增值税应税额	500.00	500.00

（续表）

项目	取得 60% 的成本发票	取得 30% 的成本发票
利润（实际利润）	100.00	100.00
增值税	5.00	5.00
附加税费	0.60	0.60
城市维护建设税	0.35	0.35
教育费附加	0.15	0.15
地方教育附加	0.10	0.10
发票取得成本	400 × 60% × 3%=7.20	400 × 30% × 3%=3.60
成本费用	400.00	400.00
利润总额（纳税调整后利润总额）	99.40	99.40
所得税	4.97	4.97
净利润（利润总额减去所得税后的净额）	94.43	94.43
分红个人所得税	18.89	18.89
额外成本及税费合计	36.66	33.06
税负率	7.33%	6.61%

（2）以一般纳税人、年销售额低于 3000 万元为例

假设企业是一般纳税人，在做普通筹划的情况下，分别按照取得 60%、30% 的成本发票（发票取得成本为成本费用的 8%）来计算每一项税费及整体的税负率，计算结果如表 10-4 所示。

表 10-4　做普通筹划的一般纳税人在不同情况下的税负

单位：万元

项目	取得 60% 的成本发票	取得 30% 的成本发票
增值税应税额	3000.00	3000.00
利润（实际利润）	600.00	600.00
增值税	78.00	78.00
附加税费	9.36	9.36
城市维护建设税	5.46	5.46
教育费附加	2.34	2.34

（续表）

项目	取得 60% 的成本发票	取得 30% 的成本发票
地方教育附加	1.56	1.56
发票取得成本	2400 × 60% × 8%=115.20	2400 × 30% × 8%=57.60
成本费用	2400.00	2400.00
利润总额（纳税调整后利润总额）	590.64	590.64
所得税	147.66	147.66
净利润（利润总额减去所得税后的净额）	442.98	442.98
分红个人所得税	88.60	88.60
额外成本及税费合计	438.82	381.22
税负率	14.63%	12.71%

通过对比不难发现，在完全合规的前提下，完全不做筹划会导致税费很高，即便做了普通筹划，税费还是很高。当然，这里的普通筹划是在电商企业无法完全取得成本发票的情况下做的。

做纳税筹划不是为了解决企业的短期问题，而是为了解决企业长远发展的问题。只有深入了解企业的需求，规划好各项业务，才能让企业在既定战略下获得长期稳定的发展。在规划各项业务时，企业要重新思考业务的边界。税是因业务而产生的，所以纳税筹划的核心是调整和梳理业务。

运营平台模式的关键是店铺的纳税主体从原来的销售公司变成运营公司，优先确保纳税主体合规。电商企业进行业务流程重组时，业务的具体操作可能没有任何变化，只是改变了业务的性质。在运营平台模式下，运营公司从原来的销售商品变成了销售服务，按照提供的运营服务来确认收入。这既保证了纳税主体合规，又能确保以后的业务可以正常运行。

10.2 按照单店规模制定解决方案

图 10-5 是按照单店规模制定的解决方案，上面一层的投资主体可以是合

伙企业、有限公司甚至个人，中间一层的运营主体是实际经营所在地的公司。例如，王先生在广州卖女装，他老家在杭州，所以他把运营主体设在了杭州，这样可以获得两个好处，一是招揽人才更方便，二是获取电商行业信息更便捷。下面一层是销售、服务、开票主体，这是实际发生业务的一层，主要是在产业带的公司。它们几乎不受地域限制，既可以在产业带，也可以在普通的小城市。

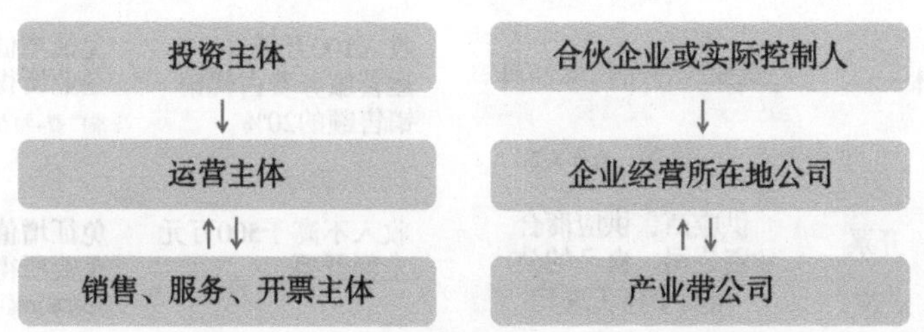

图 10-5　按照单店规模制定解决方案

10.2.1　不同体量下的落地方案

下面通过具体的例子介绍不同体量下的落地方案。

假设某店铺年销售额为 450 万元，按小规模纳税人来核算，运营服务费为代销销售额的 20%，也就是 90 万元，那么运营主体取得的 90 万元运营服务收入的税负较轻，为什么？

首先，如果运营主体是小规模纳税人且月销售额在 10 万元（含）以下，那么可以免征增值税；增值税小规模纳税人适用 3% 征收率的应税销售收入，减按 1% 征收率征收增值税；适用 3% 预征率的预缴增值税项目，减按 1% 预征率预缴增值税。当然，这是一个阶段性的政策（执行至 2027 年 12 月 31 日）。其次，还要看企业的相关成本和费用是不是都能取得发票，例如，平台扣点和推广费等都可以取得发票，而员工的工资和社保费用都可以计入成本。这样算下来，税负就会较轻。

总体思路如图 10-6 所示。

运营主体非得是小规模纳税人吗？当然不是。如果运营主体是一般纳税人，税负会更轻，因为平台开具的增值税专用发票可以用于抵扣。有人担心取得推广费发票会有问题，这些人为什么会担心这个问题？因为他们没有真实地申报收入，购进的货物又没有进项发票。在这种情况下，为什么会产生推广费呢？这是解释不通的。

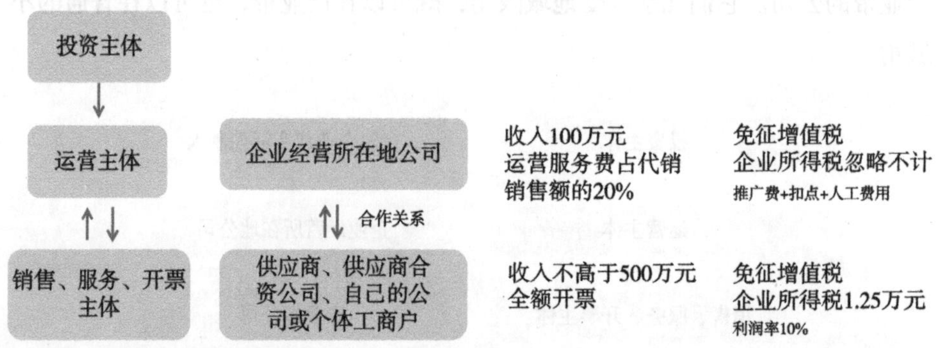

注：占代销销售额 20% 的运营服务费，是运营主体为供应商或自己的销售公司代销货物而收取的服务费。该比例通常按照运营主体为提供代销服务而产生的推广费、扣点、人工费用来计算。

图 10-6　总体思路 1

如果运营主体是代销平台，平台本身不卖货，只收取服务费，那么产生推广费就是正常的，因为平台赚的就是服务费，在平台中投放广告也很正常。服务费发票税率是 6%，平台开具的推广费发票税率也是 6%。如果是一般的销售公司，开具税率为 13% 的销售发票，取得税率为 6% 的推广费发票，一来一往就差了 7 个点。

接下来看看运营主体下面的销售、服务、开票主体，其中最重要的就是销售公司。消费者通过运营主体下单后，由销售公司为消费者开具发票，因此销售公司必须逐步合规起来。

接下来再看一个例子。

假设某店铺年销售额为 3000 万元，运营服务费设置为代销销售额的 25%，运营主体的税负同样较轻，因为成本都能取得发票，而且是增值税专用发票。

总体思路如图 10-7 所示。

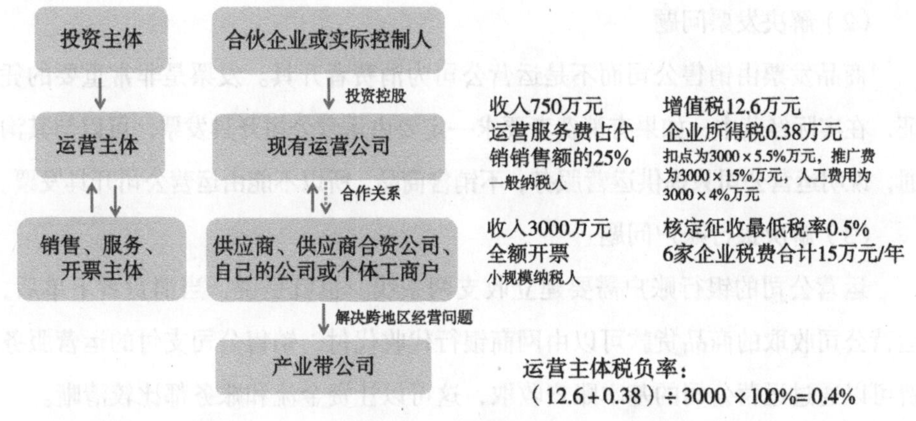

图 10-7　总体思路 2

可能有人会问："店铺过去都没申报收入，现在申报那么多，会不会有问题？"首先，运营主体的服务收入是可以控制的；其次，服务收入一定比销售收入低很多。

运营主体下面的销售公司都是线下的公司，是运营主体的供应商或供应商的合伙公司，它们出问题的可能性比较小。如果销售公司是一般纳税人，税率就是 13%；如果销售公司是小规模纳税人，税率就是 3%。运营主体与供应商合作，既能帮助它们解决销售问题，又能帮助它们解决增值税的问题。而且，运营主体也不是非要新设很多家销售公司，因为原先可能就有多家供应商，完全可以将供应商转化为销售公司。

10.2.2　业务流程重组的注意事项

在进行业务流程重组时，一定要注意以下事项。

（1）将代销商品的操作合理化，使其不被视为销售

运营公司与销售公司之间的合同或协议中一定要明确约定代销服务费，说明运营公司收取的商品货款属于委托收款，从财务的角度叫代收代付款，而销售公司支付给运营公司的运营服务费用属于服务费。两者要明确地区分开来，这是业务被判定为代销的重要依据。

（2）解决发票问题

商品发票由销售公司而不是运营公司为消费者开具。发票是非常重要的凭证，在实际经营中，如果有消费者要求一定要由运营公司开具发票，可以与其沟通，说明运营公司只提供运营服务，不销售商品，所以不能由运营公司开具发票。

（3）解决银行账户问题

运营公司的银行账户需要建立收支两条线。也就是说，当消费者下单后，运营公司收取的商品货款可以由网商银行代收代付，销售公司支付的运营服务费可以通过运营公司的基本账户收取，这可以让资金流和账务都比较清晰。

（4）资金结算方式

结算资金时，运营公司的代收代付款项要全额支付给销售公司，销售公司再把运营服务费转给运营公司。要建立一收一付两条线，代收代付的货款与运营服务费一定要分开。

（5）商品详情页公示

运营公司要在商品详情页中公示由销售公司提供商品及售后服务，公示的目的是让消费者知情，这一点非常重要。

那么，运营公司在日常经营中应该如何做会计分录呢？下面通过案例进行讲解。

【案例】

假设运营公司（受托方）代销了8000元的货物，平台收取5%的佣金（即400元），平台给予0.5%的返点积分（即40元），消费者确认收货后款项已经到账，到账金额扣除了平台佣金和返点积分，运营公司收取10%的服务费（不考虑相关税费）。

收到代销货款时的会计分录如下。

借：其他货币资金——支付宝　　7560

　　主营业务成本——平台佣金　　400

主营业务成本——返点积分 40

贷：其他应付款——销售公司 A 8000

确认服务费收入时的会计分录如下。

借：应收账款——销售公司 A 800（10%）

贷：主营业务收入——天猫店铺收入 800（10%）

向销售公司 A（委托方）支付代收款项时的会计分录如下。

借：其他应付款——销售公司 A 8000

贷：银行存款——账户 A 8000

收到销售公司 A（委托方）支付的服务费时的会计分录如下。

借：银行存款——账户 B 800（10%）

贷：应收账款——销售公司 A 800（10%）

简单来说，运营公司收取了 8000 元的代销商品款，应先确认为代收代付款，然后根据合同约定的服务费比例确认运营公司的服务费收入，服务费比例可适当协调。

在方案落地的过程中可能会遇到很多问题，下面总结了 10 点供大家参考。

（1）银行款项怎么安排

如果供应商不配合，运营公司可以设立两个账户，一个账户用于把货款打给供应商，另一个账户用于收取供应商的服务费，做到收支两条线。如果供应商愿意配合，那么自然更好，而且合作的时间越长，供应商越信任运营公司，货款甚至可以采用月结的形式支付。

（2）风险如何控制

各个公司之间需要正式签订相关协议，因为各个公司之间的业务是环环相扣的，资金流、合同流、货物流、物流等环节中的任何一个环节出错，都有可能被判定为视同销售。

（3）运营平台模式是否会增加风险

运营平台模式并不会增加电商企业的经营风险，它只是对业务流程进行了调整。电商企业要根据自身的实际情况提前规划业务流程，熟悉各个环节及其之间的关系。

（4）主体变更怎么做

做主体变更一定要遵守各个平台的要求。例如，淘宝店铺做主体变更需要交 5000 元的保证金，还有 6 个月的解封期；天猫平台要求新主体经营满 6 个月；京东和拼多多店铺做主体变更需要联系类目“小二”。

（5）发票如何开具

真实业务发生在哪家公司，就由哪家公司开具发票，不能乱开票。

（6）多家店铺如何处理

如果多家店铺的体量都比较小，可以合并为一个主体；如果有些店铺的体量比较大，建议分成几个体系。

（7）政策和法律依据是什么

运营平台模式运用的是很常见的一种财务手段。

《财政部 国家税务总局关于增值税、营业税若干政策规定的通知》（财税字〔1994〕26 号）对代购货物征税问题做出了规定：代购货物行为，凡同时具备以下条件的，不征收增值税；不同时具备以下条件的，无论会计制度规定如何核算，均征收增值税。

- 受托方不垫付资金。
- 销货方将发票开具给委托方，并由受托方将该项发票转交给委托方。
- 受托方按销售方实际收取的销售额和增值税额（如系代理进口货物则为海关代征的增值税额）与委托方结算货款，并另外收取手续费。

在“营改增”前，代购代销货物属于营业税服务业税目中的代理业；“营改增”并不会改变代购代销货物属于代理服务业的业务属性。根据《财政部 国家税务总局关于全面推开营业税改征增值税试点的通知》（财税〔2016〕36

号），现代服务中的商务辅助服务包括经纪代理服务。经纪代理服务是指各类经纪、中介、代理服务。由此可见，收取代销手续费属于获得经纪代理服务收入，按现代服务业 6% 的税率计算缴纳增值税，并且应向对方开具增值税专用发票。

根据《国家税务总局关于商业企业向货物供应方收取的部分费用征收流转税问题的通知》（国税发〔2004〕136 号），对商业企业向供货方收取的与商品销售量、销售额无必然联系，且商业企业向供货方提供一定劳务的收入，如进场费、广告促销费、上架费、展示费、管理费等，不属于平销返利，不冲减当期增值税进项税金，应按营业税的适用税目税率征收营业税；对商业企业向供货方收取的与商品销售量、销售额挂钩（如以一定比例、金额、数量计算）的各种返还收入，均应按照平销返利行为的有关规定冲减当期增值税进项税金，不征收营业税。

（8）规模是否可以持续扩大

电商企业可以根据店铺的体量做合理的规划，规模既可以扩大也可以缩小。

为什么会有人选择缩小规模呢？打个比方，有些企业把生意做到了 1 亿元的规模，但利润并不多，与把生意做到 500 万元规模的企业差不多。这时，前一类企业可能宁愿只做 500 万元规模的生意。电商行业的平台扣点和推广费都很高，有时企业做大并不意味着利润会更多。

（9）销售额超过 500 万元怎么办

销售公司的销售额可以通过增加销售公司的数量来控制，如图 10-8 所示。

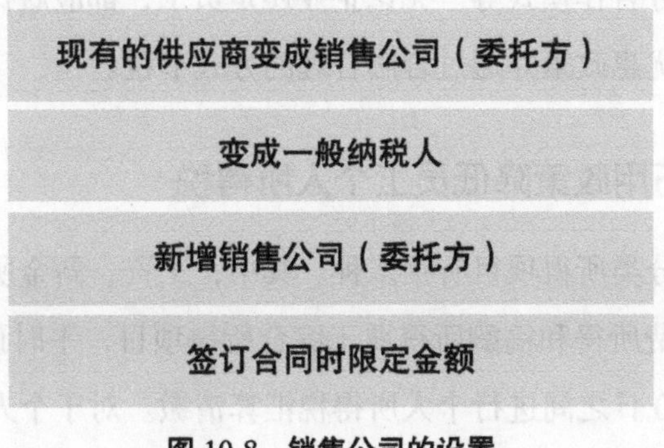

图 10-8　销售公司的设置

（10）运营平台的服务费如何控制

店铺在平台上会产生很多费用，如推广费和平台扣点等，这些都是有发票的；租金可能无法取得发票，而人工成本可以在税前列支；最后再把一定的利润加上去，这样基本就能把服务费控制在合理的水平，如图 10-9 所示。

平台费用（推广费、平台扣点、淘宝客佣金、信用卡及花呗手续费）

+

电商运营相关人工成本、租金、费用

+

一定比例的利润［税负率=（税金 ÷ 不含税收入）× 100%］

图 10-9　运营平台服务费的控制

运营平台模式适用于很大一部分电商企业。13% 的增值税税率会让电商企业面临很多难以解决的问题，但采用这种模式后，就可以慢慢地解决这些问题。如果销售公司是小规模纳税人，那么税率是 3%，2027 年 12 月 31 日前，月销售额 10 万元（含）以下的增值税小规模纳税人免征增值税。

10.3　按照关键事项制定解决方案

电商企业可以针对一些关键事项制定解决方案，如充分利用政策降低个人所得税或改变业务合作模式等。无论企业还是员工，都应履行纳税义务，但同时也有权利享受优惠政策并通过合法合理的方式节税。

10.3.1　巧用政策降低员工个人所得税

个人所得税分类所得项目有很多种。其中，工资、薪金所得，劳务报酬所得，特许权使用费所得和稿酬所得属于综合所得项目，平时预扣预缴，次年 3 月 31 日至 6 月 30 日之间进行个人所得税汇算清缴。对于个人所得税，企业可以通过地方性的优惠政策、年终奖、住房公积金等实现节税。个人所得税各个分类所得项目的计税基础和适用税率不尽相同，企业可以利用这一点进行合理的筹划。

企业高级管理人员的个人所得税按照工资、薪金计算，而工资、薪金所得按照七级超额累进税率表（3% ~ 45%）进行核算；劳务报酬所得的最高税率是 35%；股息、分红的税率是 20%。因此，企业可以在事前测算工资、报酬等以什么形式发放、发放多少更有利于节税。

10.3.2 通过改变业务合作模式降低分红成本

改变业务合作模式的核心是设计合理的架构。例如，电商企业的股东可以设计一个合理的股权结构，通过合伙企业进行分红，合伙企业分红的税率较低，而且这样做是合规的。

图 10-10 是一个典型的基于合伙企业的股权架构设计。在进项发票比较充足的情况下，股东可以通过这种模式取得分红。当然，前提是业务都是真实的。另外，如果企业计划在未来上市，最好找券商设计股权架构。

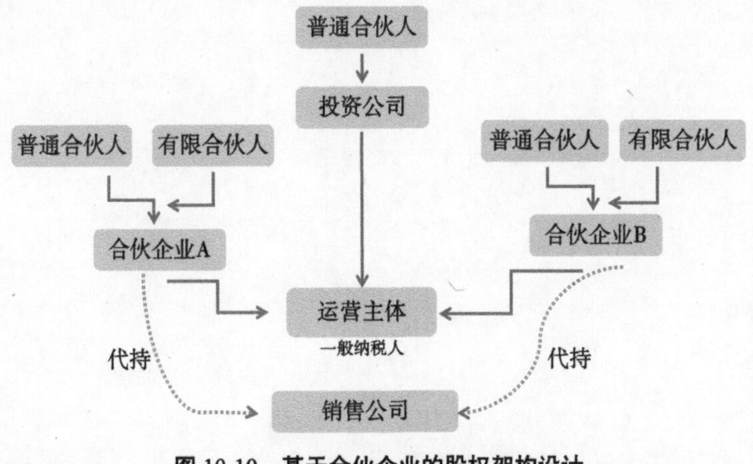

图 10-10 基于合伙企业的股权架构设计